Workbook/Kete 7

For everyday learners of the Māori language

Scotty Morrison

The *Māori Made Easy* Workbook/Kete series

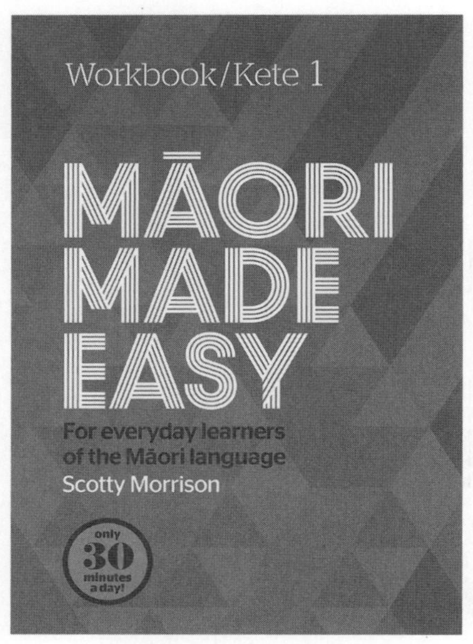

Pronunciation
Numbers
Greetings and farewells
Action phrases
Personal pronouns

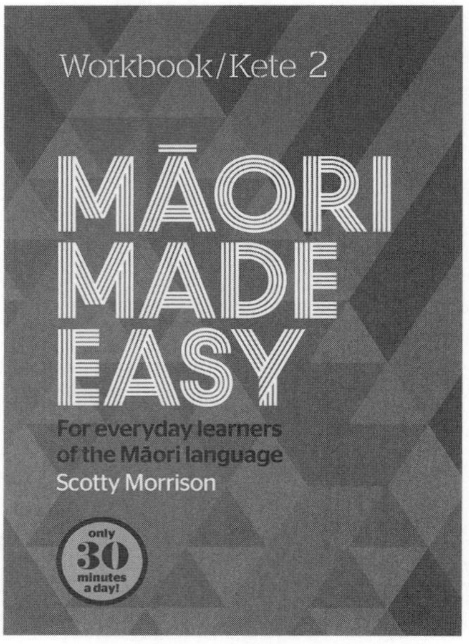

Possessive prepositions
Ā and Ō categories
Whānau and introductions
Tense markers
Locatives

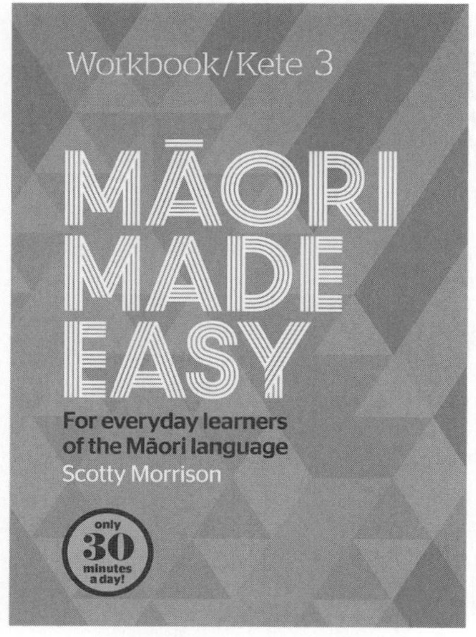

Descriptive sentences
Intensifiers
Past-tense questions and answers
Time, seasons and months

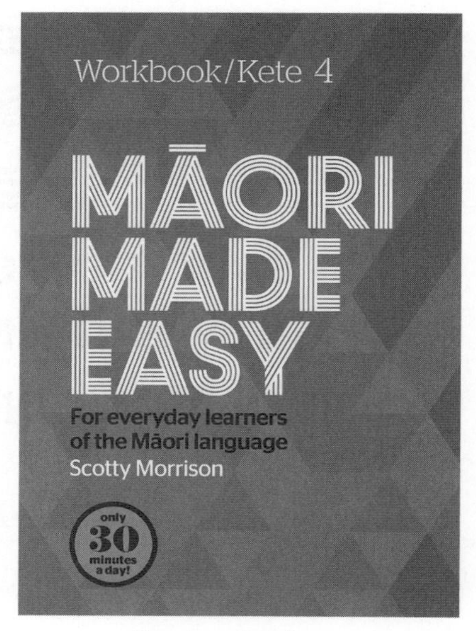

Passive structures
Giving orders
Stative verbs
Revision

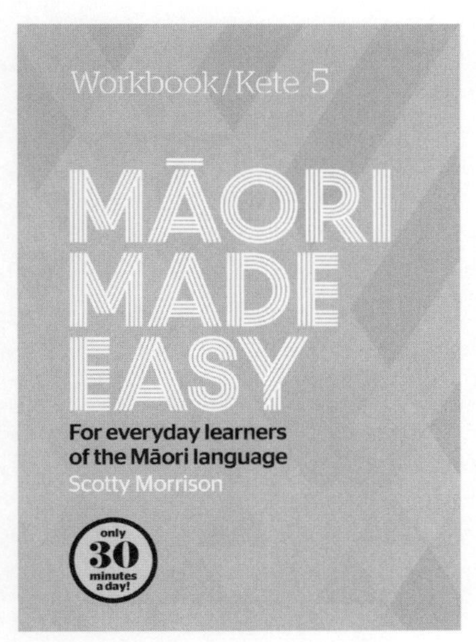

More on statives
More on passives
Using 'ai'
More on using 'hoki' and 'rawa'
Answering 'why' questions

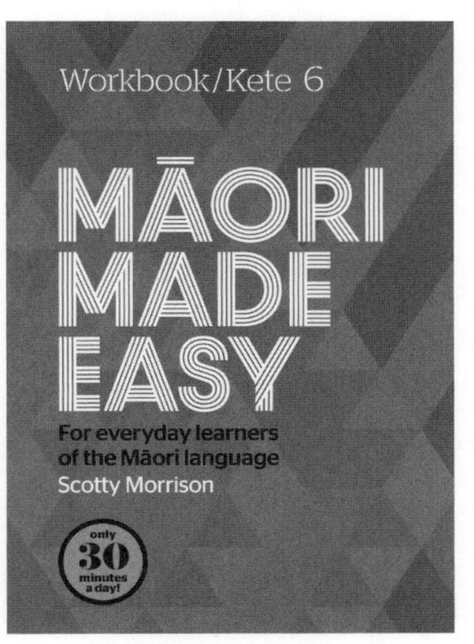

Answering future-tense 'why' questions
Other ways to use 'ia'
When to use 'i' and 'ki'
When to use 'kē'
When to use 'ki te' and 'kia'

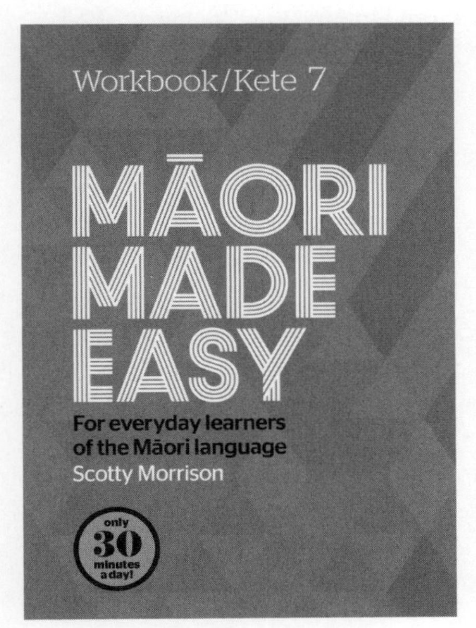

When to use 'hei'
Using 'kore' and 'me kore'
Using numbers
Using 'taihoa'
Describing objects and people
Expressing feelings

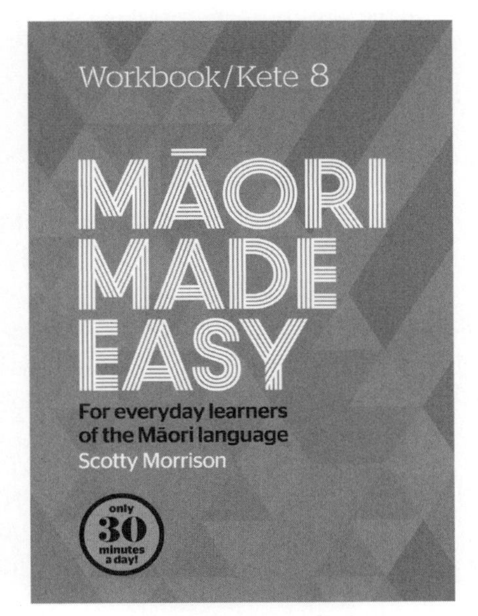

More on expressing feelings
Parts of the body
Ailments
Talking about food
Asking for and giving directions
Skills for telling a story

RAUPŌ

UK | USA | Canada | Ireland | Australia
India | New Zealand | South Africa | China

Raupō is an imprint of the Penguin Random House group of companies,
whose addresses can be found at global.penguinrandomhouse.com.

The *Māori Made Easy Workbook/Kete* series (5–8) first published as
Māori Made Easy 2 by Penguin Random House New Zealand, 2018
This workbook first published by Penguin Random House New Zealand, 2020

3 5 7 9 10 8 6 4

Cover design by areadesign.co.nz © Penguin Random House New Zealand
Text design by Sarah Healey and Shaun Jury © Penguin Random House New Zealand
Illustrations by Kiah Nagasaka
Printed and bound in China by RR Donnelley

A catalogue record for this book is available from the National Library of New Zealand.

ISBN 978-0-14-377454-9

penguin.co.nz

Contents

Introduction

Nau mai, haere mai! Welcome to the *Māori Made Easy Workbook/Kete* series!

Congratulations on your commitment to continue on from the first workbooks (1–4), and if you are starting the programme at this level after a year or so of studying te reo Māori in some other way, koia kei a koe! Just like the first four workbooks, this book has been designed to accelerate your learning and acquisition of the Māori language. It is structured to use just 30 minutes of your precious time each day. We are all time poor, so whenever you get 30 minutes to spare in your busy schedule, that's the best opportunity to do your Māori language study. No waiting for your night class to start, no travelling to the local wānanga or university. Press your reo Māori button for 30 minutes a day and get yourself to an intermediate standard of Māori language expertise!

The book is self-directed. The only online component is the weekly pāhorangi, or podcasts, you are required to listen to. These are scheduled in for Friday of every week, but I encourage you to listen to them over and over; they will be a big help in your language development. On every fifth week you will complete a set of exercises designed to revise what you learned over the previous four weeks. If you understand the written dialogue and the questions asked, and provide correct answers during these revision weeks, then the indicators are good that you are developing a sound understanding of te reo Māori. If not, go back and do the previous four weeks again to try to get the level of understanding that will enable you to move forward; or at the very least keep listening to the pāhorangi for those weeks. Whatever it takes. Learning te reo is a marathon, not a sprint, so take your time, relax, and learn at a pace that is comfortable for you.

Now, all answers to the exercises are at the end of the book but only check those once you complete each session – no cheating, e hoa mā! Each week follows a general structure beginning with an introductory proverb. There may also be a conversation between two characters, Mere and Māka, demonstrating the sentence structures that will be learned during the week. The idea is that you read their conversation with little understanding of what's being said, but by the end of the week, after all your study and exercises, you should be able to follow it.

There will be explanations and exercises to reinforce your knowledge around the new sentences and vocabulary of each week. A crossword rounds out most weeks to reinforce the vocabulary you have picked up, and to have a bit of fun.

Good luck, e hoa mā, and kia kaha!

Scotty Morrison
January 2020

The Learning Journey

I began to learn te reo Māori during my first year at university when I was 19. My first-year results were mediocre to say the least, but I began to socialise with native speakers of the language as my interest and understanding of it grew. In my second year, I flatted with two expert native speakers of Māori, and it was during that year that I attained a level of fluency. I was fortunate to be exposed to a more colloquial style of language in our flat (where Māori was basically the favoured language during the whole year) while continuing on with the more formal textbook-based learning style at university. Based on my experience learning te reo Māori, I now advocate the following pathway for learning a new language:

Year One

Me aronui
Focus

Me manawanui
Be determined and tenacious

Me kimi kaiako mātau, tautōhito hoki
Find an experienced and renowned tutor or lecturer

Me kimi wāhi āhuru
Make sure you feel safe and comfortable in your learning environment

Me whai kaupapa wetewete kōrero māmā noa iho
Learn grammar but in a light and easy format

Me aro ki te wairua me te hā o te reo
Connect with the essence of the language

Me kimi hoa ako
Find a friend to learn with you

Me aro ki ngā rerenga pū, ki ngā rerenga māmā noa iho
Keep it simple, learn the fundamentals

Me ako kupu kōrero e hāngai ana
Learn words and phrases you will use regularly

Me mātaki i ngā kaupapa ako reo ki runga pouaka whakaata
Watch and analyse Māori language learning programmes on television

Me whakarongo hoki ki ngā kaupapa ako reo ki runga reo irirangi
Listen and analyse Māori language learning programmes on the radio

Me hono atu ki te rautaki reo a tō iwi
Join the language strategy of your tribe or community

Me tāwhai i te reo o tō kaiako, o te hunga mātau hoki
Imitate the language style of your tutor and expert speakers

Year Two

Me kimi kaupapa rumaki
Look for an immersion learning programme

Me ako tonu i ngā kupu kōrero e hāngai ana
Continue to learn words and phrases you will use regularly

Me tāwhai tonu i te reo o tō kaiako, o te hunga mātau hoki
Continue to imitate the language style of your tutor and expert speakers

Me kimi hoa kōrero Māori, mātau ake i a koe
Find Māori-speaking friends, especially ones more fluent than yourself

Year Three

Me tīmata koe ki te whakarāwai, me te whakanikoniko i tō reo
Begin to garnish and adorn your language

Me aro ki te takoto o te kupu
Focus more on grammar

Me tāwhai tonu i te reo o tō kaiako, o te hunga mātau hoki
Continue to imitate the language style of your tutor and expert speakers

Weekend Word List

Taputapu	Equipment / Instrument
Whao	Chisel
Whakairo	Carving
Whakatūwhera	Open
Whakanikoniko	Adorn / Decorate
Māharahara	Anxious / Worry
Irāmutu	Niece / Nephew
Whakatutuki	To complete
Pūahi	Lighter
Tēhea	Which (singular – one item)
Ēhea	Which (plural – more than one item)
Hautū waka	Driving / Drive a car
Maha	Many
Whakamahi	To use
Kauruku	Colour in
Tia	Deer
Pūhuki	Blunt
Kura noho	Boarding school
Kō	Term of endearment for young girl
Pūoto	Cylinder / Can
Rehu	Spray

WEEK FORTY-SIX
When to use ‘hei’

Whakataukī o te wiki
Proverb of the week
Kia kotahi te waihoe i te waka, kia ū ki uta
Only by rowing the canoe in unison
will we reach our destination

He Tauira Kōrero

Mere: Kia ora, e Māka, hei aha ēnā taputapu?

Māka: Hei whakairo i te papa rākau nei. He whao ēnei.

Mere: Hei aha ngā whakairo?

Māka: Hei whakapiri ki ngā pātū o tō mātou whare tupuna hōu. Hei tērā marama whakatūwherahia ai tō mātou whare hōu.

Mere: Ka pai ēnei whakairo hei whakanikoniko i te whare, te ātaahua hoki!

Māka: Hei aha te mihi mai! Āwhina mai i a au ki te whakaoti, he poto te wā e toe ana!

Mere: Kaua hei māharahara, e hoa, māku koe e āwhina, me aha au?

Māka: Kōwhirihia he whao hei taputapu māu, ka tīmata ai ki te mahi.

Mere: Mmm, he kūare nōku ki tēnei mahi, me waea atu au ki a Hēmi.

Māka: He aha koe e waea atu ai ki a ia?

Mere: He mōhio nōna ki te whakairo, he kore mahi hoki nōna i tēnei wā nō reira kei te wātea. Koia hei irāmutu māku. He aha ngā mea hei kawe mai māna?

Māka: Karekau, engari me kī atu ki a ia he nui ngā mahi hei whakatutuki mā tātou.

This week we are focusing on how to use **hei**. As you can see by this week’s conversation, there are many different ways **hei** can be used, so let’s dive right in and begin this week’s wānanga!

In the very first sentence of this week’s conversation Mere asks, ‘Hei aha ēnā taputapu?’ (*What is that equipment for?*) When you begin a sentence with **Hei aha** and follow it with a noun or the name of an item or object, you are asking what that item or object is for, or what its purpose is. For example, if you were holding a knife and I asked you, ‘What is that knife for?’ You might reply with, ‘It is for cutting’ or in other words ‘Its purpose is to cut something’.

So, in Māori I would ask, ‘Hei aha tēnā māripi?’ and just like most Māori question phrases where you can start your answer the same way as the question, you can respond, 'Hei tapahi', which means *to cut something*. But to cut what? If you were cutting some meat, you would answer with, 'Hei tapahi **i** te mīti'. Remember, the **i** indicates the object being affected by the action (**ki** may also be used if the object is being moved *to* a location). In this example, *the meat* is being cut, so the **i** goes in front of **te mīti**.

Hei aha tēnā māripi?	*What's that knife for?*
Hei tapahi **i** te mīti	*To cut the meat*
Hei aha ēnā taputapu?	*What's that equipment for?*
Hei whakairo **i** te papa rākau nei	*To carve this piece of wood*
Hei aha ngā whakairo?	*What are the carvings for?*
Hei whakapiri **ki** te pātū o tō mātou whare tupuna hōu	*To attach to the walls of our new ancestral meeting house*

HARATAU – PRACTICE

Rāhina – Monday

30-minute challenge

1. Whakahonoa ngā rerenga i te taha mauī ki te taha matau.

1. Join the sentence on the left to its correct partner on the right.

Hei aha te pōro?	Hei patu i ngā rango hōhā nei
Hei aha te pūahi?	Hei mahi wai āporo
Hei aha tēnā kai?	Hei horoi i te tinana
Hei aha ērā āporo?	Hei tahu ahi
Hei aha tēnā mōhani pūmua?	Hei whāngai i te kurī
Hei aha ngā pātara wai māori rā?	Hei whakatipu i ngā uaua
Hei aha te uku?	Hei oranga mō te tinana
Hei aha tēnā pūoto, he rango kei runga?	Hei tākaro mā ngā tamariki

1. ______________________________
2. ______________________________
3. ______________________________
4. ______________________________
5. ______________________________
6. ______________________________
7. ______________________________
8. ______________________________

2. Ināianei me whakapākehā koe i ō rerenga; rerenga pātai tuatahi, rerenga whakautu tuarua.

2. Now translate your sentences into English; question phrase first, then answer phrase.

1. ______________________________
2. ______________________________
3. ______________________________
4. ______________________________
5. ______________________________
6. ______________________________
7. ______________________________
8. ______________________________

Rātū – Tuesday

So far we have learnt that if we start a sentence with **Hei aha . . .?**, we are asking *What for?* or *What is the purpose of?* For example, 'Hei aha te mārau nei?' is asking '*What is this fork for?*'

If we simply start a sentence with **Hei**, we are describing what the purpose of that object is, or what it is used for – for example, 'Hei tiki i tō kai' or '*To get your food*'. Even though **hei** will not occur at the beginning of a sentence all the time, if it is followed by a noun (naming word) or a verb (action word) it is still performing the function of saying what the item, object, or person preceding the **hei** is being used for.

Anei taku hoa **hei** kaiāwhina i a koe	*Here is my friend (whose purpose is) to help you*
Tīkina he māripi **hei** tapahi i te reme	*Fetch a knife (which its purpose is) to cut the lamb*
E pānui pukapuka ana ia **hei** whakapiki i ōna mōhiotanga	*He / She is reading books (for which the purpose is) to increase his / her knowledge*

In these examples, 'the friend', 'the knife', and 'reading books' precede **hei**. So, the purpose of that person (the friend), that object (the knife) and that action (reading books) is to: 1) help you; 2) cut the lamb; and 3) increase knowledge.

30-minute challenge

1. Whakahonoa ngā rerenga i te taha mauī ki te taha matau.
1. Join the sentence on the left to its correct partner on the right.

He maha ngā mahi	hei whakamāori māu
Ko tēhea pukapuka	hei pekepeke mā ngā tamariki
Anei te mīti	hei whakautu māu
Anei te tūraparapa	hei kai mā tāua, e kō?
Ko ēhea keke	hei hoa mō Mere e noho mokemoke rā
Kei te tukuna he kōrero ki a koe	hei whakatutuki mā tātou
He maha aku pātai	hei pānui mā tāua?
Kua haere ia ki Pāniora	hei tapahi mā ngā tāne

1. ______________________
2. ______________________
3. ______________________
4. ______________________
5. ______________________
6. ______________________
7. ______________________
8. ______________________

2. Ināianei me whakapākehā koe i ō rerenga.

2. Now translate your sentences into English.

1. ______________________________
2. ______________________________
3. ______________________________
4. ______________________________
5. ______________________________
6. ______________________________
7. ______________________________
8. ______________________________

Rāapa – Wednesday

Now it's time to learn the rules around using **hei**:

1. Never use a passive after **hei**.

Hē	Tika
He āporo tāna **hei** kainga māu	He āporo tāna **hei kai** māu
Anei he pukapuka **hei** pānuitia mā koutou	Anei he pukapuka **hei pānui** mā koutou
Whakamahia tērā **hei** tahitahia i papa	Whakamahia tērā **hei tahitahi** i te papa

2. Never use a stative after **hei**.

Hē	Tika
Koinei te mahi **hei** tutuki māu	Koinei te mahi **hei whaka**tutuki māu
Anei he kai **hei** pau mā koutou	Anei he kai **hei whaka**pau mā koutou
Kei te tiki rehu **hei** mate i ngā rango	Kei te tiki rehu **hei whaka**mate i ngā rango

30-minute challenge

1. E hē ana ēnei rerenga kōrero, māu e whakatika.

1. The following sentences are incorrect, fix them.

1. Anei te kiriata hei mātakitakihia mā tō whānau

____

2. Ko Mereana te wahine tika hei waeahia atu māu

____

3. Ko Morewhati tōku koroua, koia hei tohutohungia i te iwi

____

4. Ko Hori tōna teina i tukuna ki te kura noho hei whakatikahia i tōna whanonga

   ____

5. Tīkina he māripi hei tapatapahia i ngā kāroti

   ____

6. Arā ngā pene hei oti i te mahi kauruku nei

   ____

7. Tukuna te kai nei ki runga i te tēpu hei pau mā ngā manuhiri

   ____

8. Mere, e puta i te waka, ko koe hei tūwhera i te kūaha

   ____

9. Kei a au te pū hei mate i ngā tia

   ____

10. Whakamahia te kani hei hinga i te rākau, he pūhuki rawa te toki

   ____

You will have noticed in this week's conversation between Mere and Māka, this particular use of **hei**: 'Kaua **hei** māharahara, e hoa, māku koe e āwhina'. This is a variation of the **Kaua e** sentence pattern you learned in *Māori Made Easy*. Some speakers of te reo Māori and some tribal dialects prefer the **Kaua hei** form, but the meaning is the same as **Kaua e** which is *Don't (do something)*.

2. Kī atu ki ngā tāngata o ēnei pikitia kia *kaua hei* mahi i te mahi e mahia ana e rātou.

2. Tell the people in these pictures to not do what they are doing.

1. ______________________________
2. ______________________________
3. ______________________________
4. ______________________________
5. ______________________________

6. ______________________________

7. ______________________________

8. ______________________________

9. ______________________________

10. ______________________________

Rāpare – Thursday

The final function of **hei** for us to study this week is using it to describe family relationships and how people in your family connect to you. You will note that Mere says, 'Koia hei irāmutu māku' (*He / She is a nephew / niece of mine*). Here are some other examples:

Ko Pāora hei tuakana ki a ia	*Pāora is an older brother of his*
Ko Te Rina hei kuia ki a au	*Te Rina is a grandmother of mine*
Hei mokopuna a Rewi mā rātou	*Rewi is a grandchild of theirs*
Hei pēpi hōu a Rukuwai mā tātou	*Rukuwai is a new baby of ours*

30-minute challenge

1. **Tuhia tō rākau whakapapa, tae atu ki ō koroua me ō kuia, heke iho ki ō tuākana, teina, tuāhine, tungāne, ki ā rātou tamariki, ki ō tamariki. Mēnā he mokopuna, whakaurua hoki rātou. (E pai ana hoki kia hangaia he whakapapa whakataruna.)**

1. *Draw up your family tree right back to your grandparents, down to your brothers and sisters, to their children and your children. If there are mokopuna, put them in too. (You can make up a pretend whakapapa if you wish.)*

2. Ināianei me tuhi i ngā kōrero mō tō whakapapa, whakamahia te *hei*.

*2. Now write some sentences to describe your family tree and the family relationships using **hei**.*

1. Ko ______________ hei koroua ki a au
2. Ko ______________ hei tuakana ki a ______________
3. Ko ______________ hei ______________
4. Ko _______
5. Ko ____
6. Ko ____
7. Ko ____
8. Ko ____
9. Ko ____
10. Hei ______________ a ______________ mā rātou
11. Hei ______________ a ______________ mā tātou
12. Hei irāmutu a ______________ ki a au
13. Hei ____
14. Hei ____
15. Hei ____

Learn these lines and store them in your memory so they are ready to use. You will find that talking about your family and the relationships within your family is quite common, especially when you attend Māori gatherings or are meeting someone for the first time.

Rāmere – Friday

30-minute challenge

1. Whakarongo ki te pāhorangi mō tēnei wiki:

1. Listen to this week's podcast at:

www.MaoriMadeEasy2.co.nz

2. Whakapākehātia tā Mere rāua ko Māka kōrero.

2. Translate into English the dialogue between Mere and Māka.

Mere: Kia ora, e Māka, hei aha ēnā taputapu?

____

Māka: Hei whakairo i te papa rākau nei. He whao ēnei.

____

Mere: Hei aha ngā whakairo?

Māka: Hei whakapiri ki ngā pātū o tō mātou whare tupuna hōu. Hei tērā marama whakatūwherahia ai tō mātou whare hōu.

Mere: Ka pai ēnei whakairo hei whakanikoniko i te whare, te ātaahua hoki!

Māka: Hei aha te mihi mai! Āwhina mai i a au ki te whakaoti, he poto te wā e toe ana!

Mere: Kaua hei māharahara, e hoa, māku koe e āwhina – me aha au?

Māka: Kōwhirihia he whao hei taputapu māu, ka tīmata ai ki te mahi.

Mere: Mmm, he kūare nōku ki tēnei mahi, me waea atu au ki a Hēmi.

Māka: He aha koe e waea atu ai ki a ia?

Mere: He mōhio nōna ki te whakairo, he kore mahi hoki nōna i tēnei wā, nō reira kei te wātea. Koia hei irāmutu māku. He aha ngā mea hei kawe mai māna?

Māka: Karekau, engari me kī atu ki a ia, he nui ngā mahi hei whakatutuki mā tātou.

Weekend Word List

Huka kore	Sugar free
Ū	Commitment / Dedication
Makere	Alight / Descend / Abandon
Whakaaro-kore	Thoughtless
Ruku	Dive
Toromi	Drown
Haurakiraki	Unreliable
Paihamu	Possum
Pouaka	Box
Tiaki	Look after

WEEK FORTY-SEVEN
Using 'kore'

Whakataukī o te wiki
Proverb of the week
Kia mahara ki te hē o Māka
Remember the mistake that Māka made
(Take heed of advice from others)

He Tauira Kōrero

Kei te kai parakuihi a Mere rāua ko Māka.

Mere: He aha māu, e Māka?

Māka: Homai he kāngarere, tēnā koa.

Mere: He miraka me te huka hoki?

Māka: Miraka, āe! Huka, kāo. Kei te huka kore au ināianei.

Mere: E kī rā! Nōnāhea tēnā i tīmata ai?

Māka: Nō tērā wiki. I te whakaaro hoki a Hema rāua ko Nita kia huka kore rāua, engari nā tō rāua kore ū, kāore i tutuki . . . rua rā noa iho e huka kore ana, ka makere i te kaupapa!

Ka tipu te pukuriri o Mere.

Mere: Kore ū . . . whakaaro-kore rānei! Koirā tō rāua mate, he whakaaro-kore . . . ētahi wā, kāore rāua i te whai whakaaro, e ruku ana rāua ki te aha, ki hea rānei, mea rawa ake, ka toromi. Koretake!

Māka: Kia māmā ngā whakaaro, e hoa. Ehara i a rāua te hē e ū kore nei rāua ki tēnā kaupapa, ki tēnā kaupapa, he momo nō tō rāua whānau te haurakirakitanga. Mōhio koe, kua pōwhiritia tāua ki tō rāua ā te pō nei.

Mere: Ki te aha?

Māka: Ki te kai tahi.

Mere: Kai tahi? He whare kore kai tō rāua whare, ka whangahia tāua ki te aha? Kore rawa au e haere, ka noho au ki te kāinga.

Māka: Ā kāti, kore hoki au e haere, engari ki te kore tāua e haere, kua kore ō rāua hoa mō te kai tahi nei.

Mere: Hei aha māku!

There are many different ways of using **kore**. You have already learnt how to use **kore** to negate sentences such as:

He aha koe e kore ai e haere = *Why will you not be going?*
He aha koe i kore ai e haere = *Why didn't you go?*

One of the neat ways of using **kore** is to place it in front of (or sometimes after) a noun (naming word) to show the lack of, or absence of, the particular thing articulated by the noun.

Our first example of this usage of **kore** comes when Māka says, 'Kei te huka **kore** au ināianei' which means, *'I am sugar-free now'*. So, *sugar* is the noun, but when we add **kore** after it, it shows the lack of or absence of the sugar, so we get – sugar-free.

Māka then says, '. . . nā tō rāua **kore** ū'. In this context, Māka is alluding to the lack of commitment his two friends Hēmi and Nita have shown to the kaupapa 'huka kore', or *sugar-free*, cause. 'Nā tō rāua kore ū' therefore means, *'because of their lack of commitment'*.

Mere replies with, 'Kore ū . . . whakaaro-**kore** rānei', which means *lack of thought, not thinking*, or *thoughtlessness*. Remember, you can place the **kore** in front of *or* after the noun. Sometimes, when it's placed after the noun, a hyphen is added. Sometimes the word will be written as one word, like the word **koretake**, or *useless*. Ok, let's try some!

HARATAU – PRACTICE

Rāhina – Monday

30-minute challenge

1. **Tuhia kia waru ngā rerenga kōrero i te tūtohi i raro iho nei. (Tīwhiri: Rawekehia noatia ngā poutū mutunga e rua kia oti ai he rerenga mārama.)**
1. *Use the table below to construct 8 sentences. (Clue: You only need to change the last two columns to form a comprehensible sentence.)*

Nā	tō rātou	kore	pātai	mātou
He	wāhi	kore	mōhio	rātou
Kei te	noho	hiko	kore	i raru ai
Ka	tū	kaiako	kore	ka kūare
I	haere	hū	kai	i tamō ai ia
He	iwi	whakaaro	wātea	a Whangahī
Nā	tōna	kore	kore	ki rō whare
Mā	te	kore	kore	ngā tamariki

1. ____________________
2. ____________________
3. ____________________
4. ____________________
5. ____________________
6. ____________________

7. ____________________

8. ____________________

2. Ināianei me whakapākehā i ō rerenga kōrero e waru.

2. Now translate your 8 sentences into English.

1. ____________________
2. ____________________
3. ____________________
4. ____________________
5. ____________________
6. ____________________
7. ____________________
8. ____________________

Rātū – Tuesday

Kore can also be used to provide extra emphasis to the future negative, **Kāore . . . e**. For example, 'Kāore au e haere' (*I will not go*) becomes 'E kore au e haere' (*I most certainly will not go*). Here are some more examples:

Active

Kāore au e kai i tēnā	*I will not eat that*
E kore au e kai i tēnā	*I certainly will not eat that*
Kāore mātou e hinga	*We will not lose*
E kore mātou e hinga	*We certainly will not lose*

Passive

Kāore e taea e koe	*You cannot do it*
E kore e taea e koe	*You certainly cannot do it*
Kāore tēnā e kainga e au	*That will not be eaten by me*
E kore tēnā e kainga e au	*That certainly will not be eaten by me*

Stative

Kāore au e mate i a koe	*I will not be defeated by you*
E kore au e mate i a koe	*I will certainly not be defeated by you*
Kāore ērā inu e pau i a rātou	*Those drinks won't be consumed (completely) by them*
E kore ērā inu e pau i a rātou	*Those drinks certainly won't be consumed (completely) by them*

30-minute challenge

1. **Hurihia ēnei rerenga kōrero i te rerenga tūāhua, ki te rerenga whakakāhore noa E kore, ā, ki te rerenga hāngū. Tirohia te tuatahi hei tauira.**

1. *Change these stative sentences into normal negative sentences using* ***E kore****, then into passive sentences. Take a look at the first example.*

Stative sentence

1. E kore au e ora i a koe

Active sentence

E kore koe e whakaora i a au

Passive sentence

E kore au e whakaorangia e koe

Stative sentence

2. E kore e wera i a au te wai

Active sentence

___

Passive sentence

___

Stative sentence

3. E kore e tika i te kaiako tō tuhinga

Active sentence

___

Passive sentence

___

Stative sentence

4. E kore e pau i a rātou ngā inu

Active sentence

___

Passive sentence

___

Stative sentence

5. E kore e wehi i a koe taku tama

Active sentence

___

Passive sentence

___

Stative sentence

6. E kore e mate i a rātou ngā paihamu

Active sentence

____

Passive sentence

____

Stative sentence

7. E kore e tū i a koe tō kaupapa

Active sentence

____

Passive sentence

____

Rāapa – Wednesday

In yesterday's session we learnt how to emphasise the future negative **Kāore . . . e . . .** by using **E kore . . . e**:

Kāore au e tautoko i a rātou	*I will not support them*
E kore au **e** tautoko i a rātou	*I will **certainly not** support them*

Well, guess what – we can emphasise the negativity even more! Woohoo! This is achieved by omitting the initial **e** like this:

Kore au e tautoko i a rātou	*I will **most certainly not** support them*

We can increase the intensity even more by adding intensifiers like **rawa** and **tino** into the sentence.

Kore rawa au e tautoko i a rātou	*I will **most definitely not** support them*
Tino kore **rawa** au e tautoko i a rātou	*I will **absolutely definitely not** support them*

30-minute challenge

1. Whakakāhoretia ēnei rerenga kōrero. Whakamahia te *Kore rawa* mō ngā tau kehe, *Tino kore rawa* mō ērā atu tau.

*1. Negate the following sentences. Use both methods; **Kore rawa** for odd numbers, **Tino kore rawa** for even numbers.*

1. Kāore ngā tamariki e whātui i ngā kākahu

____

2. Ka peita te koroua i te whare

____

3. Ka hoko pene rākau a Mere

___

4. Kāore te whānau e hoe i te waka

___

5. Ka pau i ngā kōtiro ngā rare te kai

___

6. Ka whakatangihia e rātou te kōauau

___

7. Kāore ia e whakahoki i te kākahu kaukau ki tōna hoa

___

8. Me whana koe i te pōro

___

9. Me hiki kōrua i te pouaka āporo rā

___

10. Ka hopukina e ia te pōro

___

11. Ka raru te iwi i tērā whakatau

___

12. Ka kimihia e ia te rau mamao

___

13. Me hoko ngā whare wānanga i ngā pukapuka

___

14. Ka waruwaru te whānau i ngā rīwai

___

15. Kāore ngā iwi e tiaki i te whenua

___

Rāpare – Thursday

So far we have been concentrating on intensifying the future tense negative sentence **Kāore e** by using **E kore . . . e**, **Kore e**, **Kore rawa e** and **Tino kore rawa e**. If you have doubts as to whether the future tense negative will actually happen, in other words, if you are not *absolutely* sure that you will *not* attend Hārata's party, you can start your sentence with **Kua kore** to illustrate this. **Kua kore** is the weaker future tense negative at your disposal. Let's take a look:

Kāore au e haere ki te ngahau a Hārata	*I will not go to Hārata's party*
E kore au e haere ki te ngahau a Hārata	*I will certainly not go to Hārata's party*

Kore au e haere ki te ngahau a Hārata	*I will most certainly not go to Hārata's party*
Kore rawa au e haere ki te ngahau a Hārata	*I will most definitely not go to Hārata's party*
Tino kore rawa au e haere ki te ngahau a Hārata	*I will absolutely definitely not go to Hārata's party*
Kua kore au e haere ki te ngahau a Hārata	*I will (more than likely) not go to Hārata's party*

As you can see by the last example, when you start a sentence using **Kua kore**, the opportunity is there for the speaker to have a possible change of mind.

30-minute challenge

1. Whakamāoritia ngā rerenga kōrero nei. Tīmata tō rerenga ki te *Kua kore.*

*1. Translate the following sentences into Māori. Start your sentence with **Kua kore**.*

1. Mere will (more than likely) not gather the children

2. They (2) will (more than likely) not catch the fish

3. She will (more than likely) not take them (2) to school

4. He will (more than likely) not cook the food

5. The tribe will (more than likely) not support you

6. He will (more than likely) not commit to being sugar-free

7. The container will not be broken (Stative)

8. The boys (2) will (more than likely) not dive in

9. It will probably not be spoken about (Passive)

10. It will probably not be seen (Passive)

Rāmere – Friday

Congratulations! You have made it to the end of another great week of learning. Koia kei a koe! There is one more thing to learn about the word **kore**. It can be used as a verb to express that something is missing or lost. As with yesterday's sentence, we start our sentence with **Kua kore**, but remember, this time **kore** is a *verb*. It is not being used to indicate future tense negative, it is expressing the absence of something.

Kua kore he wana o tērā kapa haka	*There is no energy in that performing group*
Kua kore ngā pūkōrero o tō rāua marae	*There are no more orators on their marae*
Kua kore te ika o ngā roto o Te Arawa	*There are no more fish in Te Arawa lakes*
Kua kore he kaha o tērā tangata	*There is no more strength left in that person*

30-minute challenge

1. Whakatikahia ēnei rerenga nanu.

1. Correct these jumbled sentences.

1. kore kaumātua tērā iwi kua he o

   ____

2. kaiako o kura tērā pāngarau kua he kore

   ____

3. makawe upoko kore kua he tōna o

   ____

4. whakairo he kua o tō whare rātou kore

   ____

5. whare hiko kore kua o te he

   ____

2. Whakapākehātia ngā rerenga e rima.

2. Translate those five sentences into English.

1. ____________________________________
2. ____________________________________
3. ____________________________________
4. ____________________________________
5. ____________________________________

3. Whakarongo ki te pāhorangi mō tēnei wiki:

3. Listen to this week's podcast at:

 **www.MaoriMadeEasy2.co.nz**

Weekend Word List

Pātōtō	To knock / To tap
Pukamata	Facebook
Pāhorangi	Podcast
Hono	Join / Connect
Wheta	Dodge / Sidestep
Tōngakingaki	Give 100%
Hōtaka	Programme
Tāmure	Snapper
Taiepa	Fence
Kuti	Cut
Makawe	Hair
Rautaki	Plan

WEEK FORTY-EIGHT

Using ‘me kore’ and how to add on information to a sentence

Whakataukī o te wiki
Proverb of the week
Ko Hinetītama koe,
matawai ana ngā whatu i te tirohanga atu
You are like the dawn maiden,
the eyes glisten at the sight of you

Following on from last week’s study of **kore**, it is quite common for Māori speakers to use **kore** with **me** to say a similar thing to the English language phrases, *‘fortunately’*, *‘to see if’*, and *‘just in case’*. Here are some examples of each:

Me kore ake tō pāpā hei kawe i a koe ki te kura
Fortunately, you have your father to take you to school

Kia tōngakingaki koe, me kore koe e toa
Go hundy (give it 100%) to see if you win

Hokona he tīkiti Lotto, me kore koe e waimarie
Buy a Lotto ticket, just in case you get lucky

HARATAU – PRACTICE

Rāhina – Monday

30-minute challenge

1. **Porohitatia te kupu tika kia mōhio ai koe ko tēhea o ngā tikanga e toru o te *me kore* e whakahuatia ana.**

1. *Circle the correct word to show that you know which of the three versions of **me kore** is being used.*

1. Taihoa e haere, Māmā, me kore e mau i a au he ika anō
   a. fortunately b. to see if c. just in case
2. Me kore ake koe i toa ai tō kapa
   a. fortunately b. to see if c. just in case
3. Pātōtōhia te kūaha, me kore e huakina e ia
   a. fortunately b. to see if c. just in case
4. Me kore ake a Mere hei kaiwhakahaere i te hui
   a. fortunately b. to see if c. just in case

5. Me kore ake a Pukamata e hono ai tātou ki a tātou
   a. fortunately b. to see if c. just in case
6. E hui ana mātou me kore e ora i a mātou te reo
   a. fortunately b. to see if c. just in case
7. Kia teitei ake tō peke, me kore tō ringa e pā ki te tuanui
   a. fortunately b. to see if c. just in case
8. Kia kaha te wheta, me kore koe e whai piro
   a. fortunately b. to see if c. just in case
9. E rite tonu ana taku whakarongo ki ana pāhorangi, me kore e mau i a au ngā whakamārama mō te 'ā' me te 'ō'
   a. fortunately b. to see if c. just in case
10. Me kimi tonu, me kore e kitea
   a. fortunately b. to see if c. just in case
11. Nau mai ki tēnei hui, me kore e kitea he rongoā mō tēnei raru
   a. fortunately b. to see if c. just in case
12. I haere mai ia, me kore ia e tautokohia e mātou
   a. fortunately b. to see if c. just in case
13. Me kore tō pāpā, kua kore tēnei hōtaka
   a. fortunately b. to see if c. just in case
14. Haria tō kawe reo, me kore au e whakapā atu ki a koe
   a. fortunately b. to see if c. just in case
15. Me uru koe ki te whakataetae, me kore koe e angitū
   a. fortunately b. to see if c. just in case

Rātū – Tuesday

30-minute challenge

1. Me whakapākehā i ngā rerenga kōrero tekau tuatahi o inanahi.

1. Translate the first 10 sentences from yesterday into English.

1. Taihoa e haere, Māmā, me kore e mau i a au he ika anō

   ____

2. Me kore ake koe i toa ai tō kapa

   ____

3. Pātōtōhia te kūaha, me kore e huakina e ia

   ____

4. Me kore ake a Mere hei kaiwhakahaere i te hui

   ____

5. Me kore ake a Pukamata e hono ai tātou ki a tātou

   ____

6. E hui ana mātou me kore e ora i a mātou te reo

   ____

7. Kia teitei ake tō peke, me kore tō ringa e pā ki te tuanui

   ____

8. Kia kaha te wheta, me kore koe e whai piro

   ____

9. E rite tonu ana taku whakarongo ki ana pāhorangi, me kore e mau i a au ngā whakamārama mō te 'ā' me te 'ō'

   ____

10. Me kimi tonu, me kore e kitea

    ____

Rāapa – Wednesday

Today we are going to learn how to add more information on to our sentence. The most common mistake people make when adding on information or further defining something they have already spoken about, is that they forget to repeat the particle. Even high-level speakers neglect to repeat the defining particle! But that's not going to happen with you! Take a look at these examples; the defining particle I am talking about has been highlighted so that you understand what I mean (the English translations are also specially written to help you understand this aspect of the language; you wouldn't, of course, normally structure an English-language sentence in this way!).

He kōrero tēnei **mō** taku kuia, **mō** Te Puhi
*This is a story **about** my grandmother, **about** Te Puhi*

Ko te kurī nei, **ko** te Rottweiler, he mōrearea ki ētahi
***The** dog we have here, **the** Rottweiler, is considered dangerous by some*

Kei reira kē a Manu, **kei** Rotorua
*Manu is already **at** that place, **at** Rotorua*

Nā taku wahine, **nā** Stacey au i rangatira ai
***It is because** of my wife, **it is because** of Stacey, I have become someone*

Mā koutou, **mā** ngā tamariki e mahi
***It is for** you, **it is for** you kids to do*

Ka haere a Maui ki te kimi **i** ōna mātua, **i** a Makea rāua ko Taranga
*And so Maui went in search **of** his parents, **of** Makea and Taranga*

30-minute challenge

1. Whakaotia ēnei rerenga kōrero.

1. Complete these sentences.

1. Nā taku tungāne au i āwhina, ____________ Kākuere
2. Mā rātou ngā inu e hoko, ____________ ngā matua kēkē
3. I haere rātou ki te kōrero ki te koroua rā, ____________ Hēmi
4. Kātahi ia ka kapo ake i tana rākau, ____________ taiaha
5. Hoatu ēnei kai ki tērā hunga, ____________ ngā tamariki rā
6. Hokona he perehana māna, ____________ Te Awa, ko tōna huritau hoki āpōpō
7. Ka hui tātou ā tērā marama, ____________ te Hakihea
8. Kei konā kē a Rewi mā, ____________ te whare o Rākai
9. Kei te kimi au i taku pāpā, ____________ Tūkere, kei konei ia?
10. Ko te mea nui, e hoa, ____________ te aroha
11. I kōrerotia te take nei e rātou, ____________ ngā kaumātua
12. I pakaru i a ia te matapihi, ____________ Kurawaka
13. Ka wānangatia tēnei take e ngā iwi e toru o konei, ____________ Ngāi Tā Manuhiri, Rongowhakaata me Te Aitanga-a-Māhaki
14. Mā mātou koe e whakahoki, ____________ mātou ko Hāna, ko Pāora, ko Anaru
15. Mō rātou tēnei pūrongo, ____________ Te Taura Whiri
16. I kōhetengia ia e tōna whaea kēkē, ____________ Wai
17. Ko te awa ia tērā o ngā tūpuna o mua, ____________ te awa o Ōrongo
18. I oma rātou ki tērā taha o te huarahi, ____________ te whare o Anya mā
19. I haere mai te tāne pōtarotaro mauti i te rā nei, ____________ Steve
20. I pau i a rātou ngā kai katoa, ____________ te iwi tuatahi rā

Rāpare – Thursday

Today, we are going to continue practising how to add further information to our sentences. Don't forget to repeat the particles in your translations.

30-minute challenge

1. Whakamāoritia ēnei rerenga nei.

1. Translate these sentences into Māori.

1. The dog was killed by her, by Mere

   ____

2. The fence was painted by them, by the whānau

   ____

3. We (2) went to school, the school of Te Rehu

   ____

4. We (2) are looking for our mother, Hūhana. Have you seen her?

   ____

5. This fish is very tasty, this snapper

   ____

6. Talk to him, to Tame

   ____

7. These dolls are for them (3), for Arahia, Tira and Kārena

   ____

8. This is my girlfriend, her name is Wonder Woman

   ____

9. The plan was supported by the teachers, by Rīhari and the others

   ____

10. Her hair is being cut by her mother, by Teriana

   ____

Rāmere – Friday

30-minute challenge

1. Whakarongo ki te pāhorangi mō tēnei wiki:

1. Listen to this week's podcast at:

www.MaoriMadeEasy2.co.nz

2. Whakaotia tēnei pangakupu.

2. Complete the crossword.

Weekend Word List

Takitahi	Individual
Takirua	Pair
Tīemiemi	See-saw
Tāheke	Slide
Pā onepū	Sandcastle
Hāmene	Punish
Whakakapi	Fill (a vacant space)
Tūranga	Position
Rorohiko	Computer
Tāhae	Steal
Pōrangi	Crazy / Insane
Pāparakāuta	Pub
Hūnuku	Shift / Move
Pūareare	Full of holes

WEEK FORTY-NINE
An extension on using numbers and how to use the well-known word 'taihoa'

Whakataukī o te wiki
Proverb of the week
Wāwāhi tahā, raru ki uta
Breaking the calabash is a problem easily solved
(Don't cry over spilt milk)

Sometimes when we use numbers from 1 to 9, we place the word **taki** in front. This indicates the size of a particular group. One of the most common examples of this you might hear is 'Whutupōro Takiwhitu' or *Sevens Rugby*: **taki** in front of the **whitu** indicates a group of seven, or seven players on the field. Let's look at some other examples:

I tū **takirua** mai ngā tamariki o te rōpū	*The children of the group stood in pairs*
Me mahi **takiwhā** koutou kia oti ai	*Work in fours to complete it*
Me whakarōpū i a koutou, **takiiwa** ki rōpū	*Get into groups, nine in each* ia *group*
Kia **takitahi** mai koutou ki roto nei	*Come inside, one by one*

If there are more than 9, the **taki** cannot be used. However, we can use it in front of two words, **mano** and **tini**, to indicate the size of the group is very large. One of our very well-known proverbs states that:

Ehara taku toa i te toa **takitahi**, engari he toa **takitini** kē
My success is not achieved by myself alone, but by the force of many

This can also be written as:
Ehara taku toa i te toa **takitahi**
Engari he toa **takimano** kē

Both show how to use **taki** in front of **mano** and **tini** to indicate multitudes.

HARATAU – PRACTICE

Rāhina – Monday

30-minute challenge

1. **Tirohia te whakaahua kei raro nei, honoa ngā wāhanga tahi, rua, toru, whā, me te rima o ngā tauira rerenga kōrero kia oti ai he rerenga mārama.**
1. *Look at the picture below, then join parts 1, 2, 3, 4, and 5 to form an understandable phrase based on what's in the picture.*

1	2	3	4	5
E noho	*takitahi*	*ana*	*ngā tama*	*i tēnei rā*
E tīemiemi	*takitini*	*ana*	*i te*	*i te tūru*
Kei te tāheke	*takirua*	*te kōtiro*	*ngā kuia*	*pā onepū*
Kei te mahi	*takirua*	*ngā tamariki*	*ki te hanga*	*pahikara*
Kei te eke	*takitahi*	*ia*	*kōtiro mā*	*tāheke*
Inā ngā manu	*takitoru*	*kei te*	*kei konei*	*e noho ana*
Me mahi	*takimano*	*koutou*	*i te*	
Ka taea te kī, he	*takiwhā*	*ngā tāngata*	*rākau*	

1. ______________________________
2. ______________________________
3. ______________________________
4. ______________________________
5. ______________________________
6. ______________________________
7. ______________________________
8. ______________________________

2. Tirohia ngā whakaahua, whakautua te pātai.

2. Look at the pictures and answer the question.

1. E noho takiaha ana mōkai?
   E noho takitahi ana te mōkai
2. E tū takiaha ana te kaiako?
   ____
3. E moe takiaha ana ngā ngeru?
   ____
4. E tū takiaha ana ngā manu?
   ____
5. E huna takiaha ana te kiore?
   ____

Rātū – Tuesday

There are two other forms of **taki** in front of numbers from 1 to 9 for us to learn. Firstly, the **taki** and its number can be turned into a passive. So you can have takitahi**tia**, takirua**tia**, takitoru**tia** . . . and so on, and so on. This passive form of **taki** will often follow a passive verb, so you end up with what is known as a double passive, which you have already been exposed to in previous chapters, such as these:

I hāmenetia takiruatia rātou	*They were punished in pairs*
Ka uiuitia takitahitia koutou	*You will be interviewed individually*
Kua pōwhiritia takitinitia ngā iwi ki te marae	*The tribes have been welcomed en masse on to the marae*

Secondly, the word **taki** can be placed by itself in front of a verb to indicate that each and every one in the group is doing that particular action. For example, you might go into your kids' room where three of them are sleeping and say:

Taki oho koutou!	*Each and every one of you wake up!*
Taki moe koutou!	*Each and every one of you go to sleep!*
Taki hoihoi koutou!	*Each and every one of you be quiet!*

 **30-minute challenge**

1. Whakapākehātia ēnei rerenga kōrero.

1. Translate these sentences into English.

1. Taki haere koutou

   ____

2. Kei te horoia takitahitia ngā waka

   ____

3. Taki tū kōrua

   ____

4. E hoatu ana tēnei pukapuka kia pānuitia takitorutia e koutou

   ____

5. Taki oho, e hoa mā, kua wā haere

   ____

6. I te mutunga o te hui i taki wehe atu te katoa

   ____

7. Wānangahia takiwhātia te pātai nei, ka whakautu ai

   ____

8. He take nui tēnei, nō reira me taki hui te iwi ka tika

   ____

9. Taki karakia koutou kia au ai te moe ā te pō nei

   ____

10. Koinei te momo take kia kōrerotia takitinitia e tēnā iwi, e tēnā iwi puta noa

    ____

Rāapa – Wednesday

The word **taihoa** has more or less become part of the Kiwi vernacular, although most people will know it pronounced as 'taihoe'. The first usage of **taihoa** we are going to study today is when it is similar in meaning to 'in a short while'. There are many ways this can be used and many sentence structures that **taihoa** will fit into. These first examples show the structure of **'taihoa [pronoun] e'**:

Taihoa au e haere, kia mutu taku kapu tī	*I will go in a short while, after my cup of tea*
Taihoa a Tīmoti e whakaingoa mai ko i toa	*In a short while, Tīmoti will* wai *announce who won*
Taihoa ia e whakahoki kōrero mai	*He / She will respond in a short while*
Taihoa ake ka kitea he tangata hei whakakapi i tōna tūranga	*In a short while a person will be found to fill the position*
Taihoa tātou ka mōhio, ko wai i toa	*In a short while we will know who won*
Taihoa taku kōrero, kia tae mai te katoa o te iwi	*(In a short while) I will speak once the whole tribe arrives*
Taihoa ake ka tahuri ki te wāhanga hākinakina	*In a short while we will cross to the sports segment*

In this last example you will notice the word **ake** after **taihoa**. This word **ake** is a close companion of **taihoa** and fluent speakers will almost always mention them in the same breath, they are like a takirua, a pair!

30-minute challenge

1. Whakamāoritia / Whakapākehātia rānei ēnei kōrero.

1. Translate these sentences into Māori / English.

1. In a short while they (2) will put on their hats
   Taihoa ake ka mau rāua i ō rāua pōtae
2. Taihoa ake te ngeru ka mate
   ____
3. Taihoa ake ka hokona katoatia āna pukapuka
   ____
4. It won't be long before her computer gets stolen
   ____
5. In a short while that dog will get caught between the sea and the bank
   ____
6. Taihoa tō rātou whare karakia e whakatūwherahia e Ngāti Raukawa
   ____
7. Taihoa tātou ka kite ko wai te pōrangi
   ____

8. Taihoa ake nei ka taka a Hēmi i te pahikara

____

9. Let's (us 5) finish our work now; in a short while the pub will open

____

10. Taihoa ake ka hūnuku te whānau i Rotorua ki Tauranga

____

Rāpare – Thursday

The second usage of **taihoa** for us to explore is when it has a very subtle command contained within it. The command is politely suggesting not to do a particular thing or perform a particular action at this point in time, but to leave it for another time. *Anei ngā tauira* – here are some examples:

Taihoa e hokona tērā motokā	*Don't buy that car yet*
Taihoa koe e kōrero, ko tō tuakana kē ka tuatahi	*Don't you speak yet, your elder sibling must go first*
Taihoa tēnā mahi, me haere tāua ki tātahi	*Don't do that yet, let's go to the beach*
Taihoa rawa e hoatu aihikirīmi, kia pau te kai mātua	*Don't give ice-cream yet, wait till (they) finish their mains*

30-minute challenge

1. Tirohia ngā whakaahua, kōwhiri te rerenga tika mō ia whakaahua. Kātahi koe ka whakapākehā i taua rerenga.

1. Look at the pictures and select the correct sentence for each picture. Then translate your sentence into English.

Taihoa koe e haere, kāore anō te kura kia mutu
Taihoa koe e kangakanga, tērā pea e tata ana ngā tamariki
Taihoa koe e pupuhi i ērā manu,
kei pūareare i a koe te tuanui o te whare
Taihoa te kurī e tukua kia noho ki te tūru
Taihoa tēnā mahi, kei maringi te peita ki te tēpu

1.

____

2.

3.

4.

5.

---

2. Whakamāoritia ēnei rerenga kōrero.

2. Translate the following sentences into Māori.

1. Don't put the box on the table yet

   ___

2. Don't go outside yet, it's still raining

   ___

3. Don't sit on the chair yet, the paint is still wet

   ___

4. Don't buy that house yet

   ___

5. Don't board the ship yet, the ocean is still too rough

   ___

Rāmere – Friday

1. Whakarongo ki te pāhorangi mō tēnei wiki:
1. Listen to this week's podcast at:

www.MaoriMadeEasy2.co.nz

2. Whakaotia tēnei pangakupu.
2. Complete the crossword.

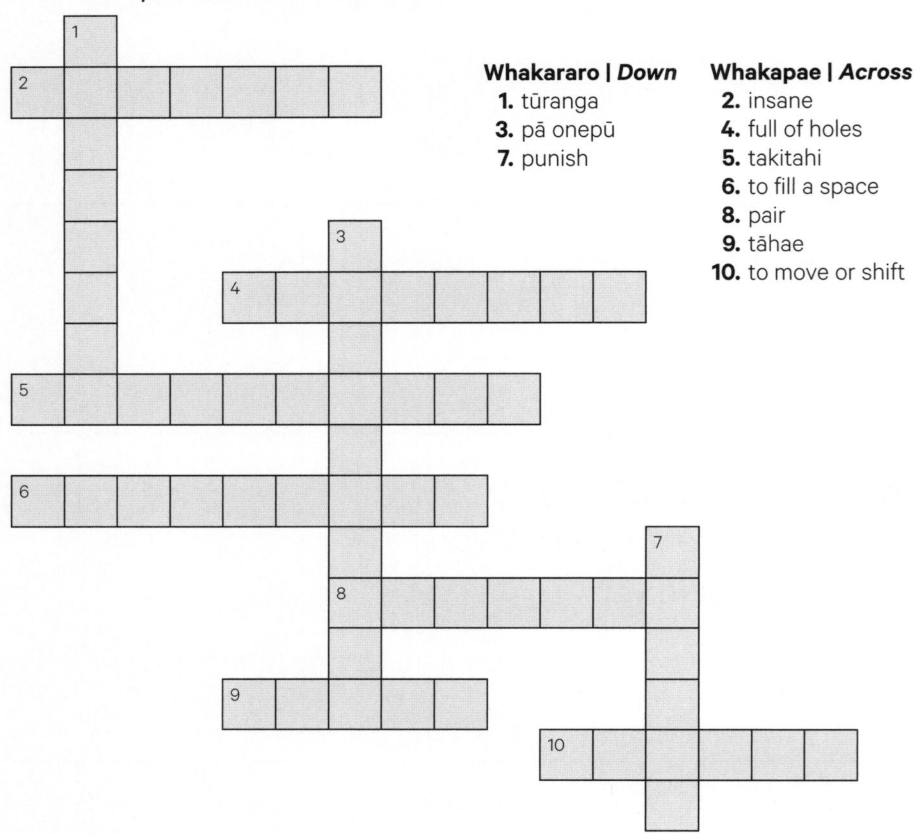

No weekend word list this weekend, e hoa mā, but prepare for next week! It's your fourth revision week. A week designed to test where you're at, and if you are beginning to comprehend sentence structures and understand the language!

WEEK FIFTY
Wiki Huritao – Revision week

Whakataukī o te wiki
Proverb of the week
Me te kete kainga e riringi ana ki te pari
Like a basket of empty shells being poured over a cliff (makes a lot of noise but no substance)

Rāhina – Monday

30-minute challenge

Pānuitia tēnei kōrero kei waenganui i a Mere rāua ko Māka nō te Wiki Whā Tekau Mā Whitu, ka tuhi ai i ō whakautu ki ngā pātai.
Read the dialogue between Mere and Māka from Week Forty-Seven, then answer the questions.

Kei te kai parakuihi a Mere rāua ko Māka.

Mere: He aha māu, e Māka?

Māka: Hōmai he kāngarere, tēnā koa.

Mere: He miraka me te huka hoki?

Māka: Miraka, āe! Huka, kāo. Kei te huka kore au ināianei.

Mere: E kī rā! Nōnāhea tēnā i tīmata ai?

Māka: Nō tērā wiki. I te whakaaro hoki a Hema rāua ko Nita kia huka kore rāua, engari nā tō rāua kore ū, kāore i tutuki . . . rua rā noa iho e huka kore ana, ka makere i te kaupapa!

Ka tipu te pukuriri o Mere.

Mere: Kore ū . . . whakaaro-kore rānei! Koirā tō rāua mate, he whakaaro-kore . . . ētahi wā, kāore rāua i te whai whakaaro, e ruku ana rāua ki te aha, ki hea rānei, mea rawa ake, ka toromi. Koretake!

Māka: Kia māmā ngā whakaaro, e hoa. Ehara i a rāua te hē e ū kore nei rāua ki tēnā kaupapa, ki tēnā kaupapa, he momo nō tō rāua whānau te haurakirakitanga. Mōhio koe, kua pōwhiritia tāua ki tō rāua ā te pō nei.

Mere: Ki te aha?

Māka: Ki te kai tahi.

Mere: Kai tahi? He whare kore kai tō rāua whare, ka whangahia tāua ki te aha? Kore rawa au e haere, ka noho au ki te kāinga.

Māka: Ā kāti, kore hoki au e haere, engari ki te kore tāua e haere, kua kore ō rāua hoa mō te kai tahi nei.

Mere: Hei aha māku!

1. He aha mā Māka mō te parakuihi?

____

2. Tuhia ngā kupu kei te ngaro: 'Nōnāhea tēna __________ tīmata __________?'

____

3. He momo aha nō te whānau o Hema rāua ko Nita?

____

4. He whare aha tō Hema rāua ko Nita whare?

____

5. I te whakaaro a Hema rāua ko Nita kia aha rāua?

____

6. Ko tēhea te whakapākehātanga tika mō, 'Hei aha māku!'
   a. I don't care
   b. Not for me, thank you
   c. That is for me
7. He aha te kupu Pākehā mō 'haurakiraki'?

____

8. Nā te aha kāore i tutuki i a Hema rāua ko Nita te huka koretanga?

____

9. Tuhia ngā kupu kei te ngaro: 'Koirā __________ __________ mate, ____________________'
10. Kei te haere a Māka ki te whare o Hema rāua ko Nita mō te kai tahi?

____

Rātū – Tuesday

30-minute challenge

Pānuitia tēnei kōrero kei waenganui i a Atawhai me Anaru, ka tuhi ai i ō whakautu ki ngā pātai.

Read the dialogue between Atawhai and Anaru, then answer the questions.

Kupu āwhina:

karu hōmiromiro – *eye for detail*
hōngere – *channel*
hōtaka – *programme (TV)*
koke – *move on*
Rangatira – *Chiefs (rugby side)*
Kahurangi – *Blues (rugby side)*

Kei te mātakitaki pouaka whakaata a Anaru rāua ko Atawhai.

Anaru: E Ata, hōmai te rau mamao, hōhā noa iho tēnei hōtaka!

Atawhai: Kāore i a au, kei raro i te tūru?

Anaru: Kāo? I ngaro i a koe?

Atawhai: Hei aha tāu! Me kimi tonu, me kore e kitea.

Anaru: Hā! Anei rā! Me kore ake ōku karu hōmiromiro.

Atawhai: Mō te mihi ki a koe anō, kāore he painga i a koe!

Anaru: Nāu au i ako, nō reira me kore ake koe!

Atawhai: Tēnā rūkahu tēnā. Kia tere, mokowhiti hōngere, me kore e tau ki tētahi hōtaka pai hei mātakitaki mā tāua.

Anaru: Ā, ānei, whutuporo . . . Rangatira ki ngā Kahurangi . . .

Atawhai: He aha te tatau?

Anaru: Toru tekau ki ngā Rangatira, tekau ki ngā Kahurangi.

Atawhai: Kāti, kua hinga kē ngā Kahurangi, koke!

Anaru: Taihoa, taihoa, me mātaki tonu, me kore e toa ngā Kahurangi . . .

1. Kei te aha a Ata rāua ko Anaru?

 ____

2. Tuhia ngā kupu kei te ngaro: 'Me __________ __________ ōku __________ __________'

3. He aha te tatau i te tākaro whutupōro (tuhia ngā whika / write in numbers)?

 ____

4. Me mātaki tonu me kore e aha?

 ____

5. He aha a Anaru i pīrangi ai ki te rau mamao?

 ____

6. Ko tēhea te whakapākehātanga tika mō, 'Mō te mihi ki a koe anō, kāore he painga i a koe!'
   a. You need to pay acknowledgment!
   b. No one is better than you at congratulating yourself!
   c. This is choice!

7. He aha te kupu Pākehā mō 'koke'?

 ____

8. He aha te kupu Pākehā mō 'rūkahu'?

 ____

9. I hea te rau mamao?

 ____

10. Whakapākehātia tēnei kōrero: 'Me kore ake ōku karu hōmiromiro'

____

Rāapa – Wednesday

30-minute challenge

Pānuitia tēnei kōrero kei waenganui i a Atawhai me Anaru, ka tuhi ai i ō whakautu ki ngā pātai.

Read the dialogue between Atawhai and Anaru, then answer the questions.

Kupu āwhina: **puka heketua – *toilet paper***
pokokōhua – *damn you*
tūmatanui – *public*

Kei waho a Anaru i te wharepaku tūmatanui e tū ana. Kei roto a Atawhai.

Anaru: E Ata, kei te ora tonu koe?

Atawhai: Āe, e mate ana au i te mate tikotiko.

Anaru: Kia tere, kei waho nei te takitini e rārangi ana.

Atawhai: Taihoa au e puta, kāore e roa . . . auē, kua pau te puka heketua!

Anaru: Whakamahia tō ringa!

Atawhai: Pokokōhua! Tīkina he puka heketua māku, kia tere! Kei hōhā te takimano kei waho nā!

Anaru: Kei te pai rātou. Kua tīmata te haere takirua a ētahi ki wharepaku kē. I oma atu he takiwhā ki te wharekai kei tērā taha o te huarahi, wharepaku ai.

Atawhai: Heoi anō, he puka heketua te hiahia, kia tere te tiki atu!

Ka ngaro a Anaru mō te wā poto, kātahi ka hoki mai.

Anaru: Kua pai, kei a au he puka heketua māu, me pēhea te tuku ki a koe?

Atawhai: Me porotiti ki raro i te kūaha, he āputa kei raro nei.

Anaru: Ka hoko tiakarete koe māku.

Atawhai: Aaanaaaruuu! Taihoa koe i a au!

1. Kua raru a Atawhai i te korenga o te aha?

   ____

2. He aha te mate kua pā ki a Atawhai?

   ____

3. I te korenga o te puka heketua, he aha te tohutohu a Anaru ki a Atawhai?

   ____

4. Tuhia te kupu kei te ngaro: 'Me ____________ ki ____________ i ____________ ____________'

5. Kei waho a wai e rārangi ana?

   ____

6. Meka (*true*) / Teka (*false*) rānei: Kua tīmata te haere takiwhā a ētahi ki wharepaku kē?

   ____

7. I oma atu ētahi ki hea?

   ____

8. He aha te kupu Pākehā mō 'āputa'?

   ____

9. Kei hea a Anaru?

   ____

10. Whakapākehātia ēnei rerenga:
    a. kia tere te tiki atu = ______________________
    b. me porotiti ki raro = ______________________
    c. kua pau te puka heketua! = ______________________

Rāpare – Thursday

30-minute challenge

1. Kimihia ngā kupu.

1. Find the words (listed on next page).

T	T	H	T	W	H	A	K	A	K	A	P	I	A	I
T	A	F	U	R	A	O	Z	Y	T	U	A	K	G	H
S	H	K	R	N	Z	H	V	U	A	B	Q	N	N	G
P	A	K	I	G	U	U	A	R	Y	I	A	L	A	K
S	E	L	B	T	Y	K	E	K	A	R	U	N	R	O
B	F	T	N	O	A	A	U	Z	O	B	A	Y	U	F
I	M	A	G	R	R	H	W	P	C	S	R	Q	T	K
Q	R	F	A	E	R	F	I	L	E	S	O	U	F	N
J	K	P	W	F	W	T	P	V	P	N	R	Z	B	L
B	A	U	A	L	Q	M	V	Q	M	Y	O	X	N	T
P	Z	R	S	Y	F	N	V	X	S	E	H	A	L	K
I	I	J	P	W	K	E	K	A	Q	Y	I	E	P	Y
L	F	H	A	M	E	N	E	S	P	X	K	K	J	E
V	F	A	U	R	I	K	A	T	R	M	O	M	K	U
F	F	V	T	R	X	T	M	N	T	F	E	F	M	Z

HĀMENE	HŪNUKU	PA ONEPŪ
PĀPARAKĀUTA	PŌRANGI	PŪAREARE
ROROHIKO	TĀHAE	TAKIRUA
TAKITAHI	TŪRANGA	WHAKAKAPI

2. Ināianei, kōwhiria kia ono o ēnei kupu hei whakauru māu ki ētahi rerenga, ka rite tonu te whakamahia e koe.

2. Now, choose six of these words and create a sentence for each word. Try to create a sentence you think you will use regularly.

1. ______________________________
2. ______________________________
3. ______________________________
4. ______________________________
5. ______________________________
6. ______________________________

Rāmere – Friday

30-minute challenge

1. Whakarongo ki te pāhorangi mō tēnei wiki, he momo whakamātautau whakarongo kei reira.

1. Listen to this week's podcast, a listening test has been prepared for you.

www.MaoriMadeEasy2.co.nz

Weekend Word List

Kōmaru	Overcast
I te āhua nei	It looks like / It's as if
Hangarau	Technology
Māeneene	Smooth / Sleek
Angiangi	Thin (not for people)
Areare	Concave
Pāmu	Farm
Raumati	Summer
Mania	Slippery
Koi	Sharp
Pūhuki	Blunt
Papatahi	Flat
Pīataata	Shiny
Porotaka	Round
Pōuriuri	Dark
Pūhuruhuru	Hairy / Adolescence
Rawemākoi	Naughty
Papa tākaro	Playing field
Kūiti	Narrow
Tāroaroa	Tall (people)
Taratara	Prickly
Pūioio	Tough
Ngohengohe	Soft
Pīngore	Flexible

WEEK FIFTY-ONE

An extension on describing objects / describing people

Whakataukī o te wiki
Proverb of the week
Kei runga te kōrero, kei raro te rahurahu
Words above, devious thoughts below (says one thing but is thinking another)

He Tauira Kōrero

Kei te whare inu kawhe a Mere rāua ko Māka.

Mere: He rangi kōmaru tēnei, nē?

Māka: Āe! I te āhua nei ka ua ākuanei.

Mere: I kite koe i te whakatairanga i runga i te pouaka whakaata inapō . . . mō te hangarau hōu o te wā?

Māka: Kāo, he pēhea te āhua?

Mere: He pango, he māeneene, he angiangi, he areare, he maitai. E ai ki ngā kōrero, he tino atamai hoki.

Māka: Mīharo! He aha te utu mō taua mea?

Mere: Kotahi mano tāra.

Ka toro te ringa o Mere ki tana pēke.

Māka: Whoa! Kua hoko kē koe i tētahi?

Mere: Āe rā, i te ata nei. I whakamahi au i te moni, nā taku pāpā i hōmai mō taku mahi i runga i te pāmu i ngā wiki o te raumati.

Māka: I haere tō karangatahi a Pere ki te pāmu i te raumati nei?

Mere: Āe, i reira ia.

Māka: He pēhea tōna āhua i ēnei rā?

Mere: He roa ngā makawe, he urukehu hoki . . . he pāuaua tonu te hanga, he pāhau tōna ināianei, ā, he poto tonu, kāore anō kia tipu.

Ka kata rāua.

As you can see by this week's conversation between Mere and Māka, to ask what something looks like, we use the question phrase **He pēhea te āhua?** Remember, the Māori sentence structure for describing things is quite different to English. Probably the major difference to point out is that te reo Māori follows a *noun + adjective* structure, while English follows an *adjective + noun* structure. So, if the noun was **tāne** or *man* and the adjective was **nui** or *big*, the Māori sentence would be **tāne nui**, but the English structure would be *big man*. Descriptive sentences are introduced by the particle **He** and usually will end with the subject or a possessive:

He wāhine ātaahua ia	*She is a beautiful woman*
He whare teitei tērā	*That house (over there) is very tall*
He waka pango tōna	*He has a black car*
He kōtiro tūpore tāna tamāhine	*Her daughter is a very caring girl*

Sometimes, however, the sentence may just be *He + adjective*, like the ones in this week's dialogue when Mere describes to Māka what the new technological device looks like.

He pango	*It's black*
He māeneene	*It's smooth*
He angiangi	*It's sleek*
He areare	*It's concave*
He maitai	*It's steel*
He tino atamai hoki	*It's very smart*

HARATAU – PRACTICE

Rāhina – Monday

30-minute challenge

1. Tirohia ngā whakaahua, kōwhiria te kupu āhua tika hei whakaoti i te rerenga.

1. Look at the pictures and choose the correct adjective to complete the sentence.

taumaha
teitei reka
ātaahua makariri
wera kōmaru
māku

1. He maunga ______________________________

2. He rangi ______________________________

3. He wahine ______________________________

4. He wāhi ______________________________

5. He keke ______________________________

2. Kimihia te whakautu tika.

2. Choose the correct answer.

atamai	pango	māeneene
angiangi	areare	maitai

He pēhea te āhua?

____

He pēhea te āhua?

____

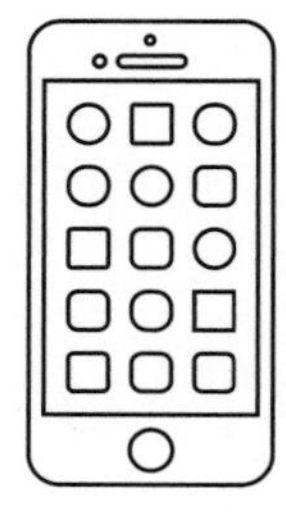

He pēhea te āhua?

____

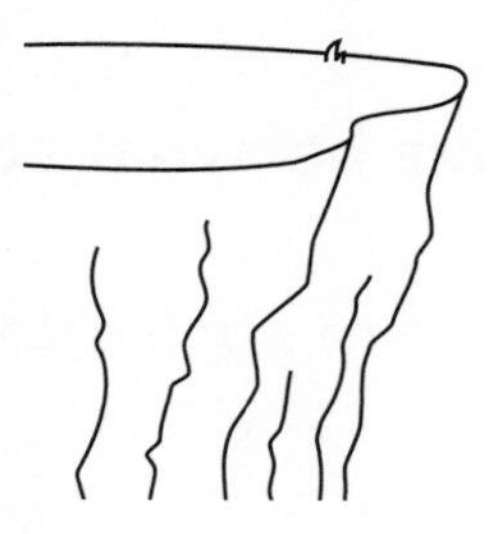

He pēhea te āhua?

____

He pēhea te āhua?

____

He pēhea te āhua?

____

3. Whakamāoritia ēnei rerenga.

3. Translate these sentences into Māori.

1. A tall man

 ____

2. A short boy

 ____

3. A fat woman

 ____

4. A hairy dog

 ____

5. A big house

 ____

6. A naughty child

 ____

4. Whakamāoritia ēnei rerenga kōrero (Whakamahia te *He + kupuāhua*).

*4. Translate the following sentences into Māori (Use **He + adjective**).*

1. The path is slippery

 ____

2. The skin is smooth

 ____

3. The land is flat

 ____

4. The shoes are shiny

 ____

5. The room is dark

 ____

6. The knife is sharp

 ____

7. The playing field is round

 ____

8. The knife is blunt

 ____

9. The path is narrow

 ____

10. The men are tall

 ____

11. The hedgehog's coat is prickly

____

12. The benchtop is hard

____

13. The meat is tough

____

14. The stomach is soft

____

15. The body is flexible

____

Rātū – Tuesday

Today we are going to take a look back at the negative versions of the descriptive sentences we have been studying. Remember, to negate sentences beginning with **He**, use the negative word **Ehara**. Our first example has the agent **ia** in the sentence, so here is the formula to negate this sentence:

Step 1: Adjust the sentence from its original form . . .

He wahine ātaahua ia

. . . to this (you are swapping the **ia**, or *agent*, and **He wahine ātaahua**, or *the descriptive phrase*)

ia he wahine ātaahua

Step 2: Place your negative word (**ehara**) at the very start of the sentence so you end up with this:

Ehara ia he wahine ātaahua

Step 3: The sentence in Step 2 is still grammatically wrong, so the last change you need to make is from **he** to **i te**:

Ehara ia i te wahine ātaahua – *She is not a beautiful person*

Our second example has no agent in the sentence, but has a subject **te wahine**:

Step 1: Swap the descriptive part of the sentence **He ātaahua** with the subject part of the sentence **te wahine**, so from this . . .

He ātaahua te wahine

. . . to this

te wahine he ātaahua

Step 2: Place your negative word (**ehara**) at the very start of the sentence so you end up with this:

Ehara te wahine he ātaahua

Step 3: The sentence in Step 2 is still grammatically wrong, so the last change you need to make is **he** to **i te**:

Ehara te wahine i te ātaahua – *The woman is not beautiful*

30-minute challenge

1. Whakakāhoretia ēnei rerenga kōrero.

1. Negate the following sentences.

1. He mania te ara

   ___

2. He māeneene te kiri

   ___

3. He papatahi te whenua

   ___

4. He pīataata ngā hū

   ___

5. He pōuriuri te rūma

   ___

6. He koi te māripi

   ___

7. He porotaka te papa tākaro

   ___

8. He pūhuki te māripi

   ___

9. He kūiti te ara

   ___

10. He tāroaroa ngā tāne

    ___

11. He taratara te kiri o te tuatete

    ___

12. He mārō te tūpapa

    ___

13. He pūioio te mīti

    ___

14. He ngohengohe te puku

____

15. He pīngore te tinana

____

2. Whakahonoa ngā rerenga i te taha mauī ki te taha matau.

2. Join the sentence on the left to its correct partner on the right.

Ehara te ara i te kūiti	he tapawhā kē
Ehara te kiri o te tuatete i te māeneene	he whānui kē
Ehara te mīti i te pūioio	he paru kē
Ehara te taiaha i te koi	he ngohengohe kē
Ehara te tāne i te poto	he koio kē
Ehara te papa tākaro i te porotaka	he pūhuki kē
Ehara te tinana i te pīngore	he taratara kē
Ehara ngā hū i te pīataata	he tāroaroa kē

1. _______________
2. _______________
3. _______________
4. _______________
5. _______________
6. _______________
7. _______________
8. _______________

3. Ināianei me whakapākehā koe i ō rerenga.

3. Now translate your sentences into English.

1. _______________
2. _______________
3. _______________

4. ____

5. ____

6. ____

7. ____

8. ____

Rāapa – Wednesday

30-minute challenge

Let's begin today's mahi with a crossword to get the juices flowing! Karawhiua, e hoa mā!

1. Whakaotia tēnei pangakupu.

1. Complete the crossword.

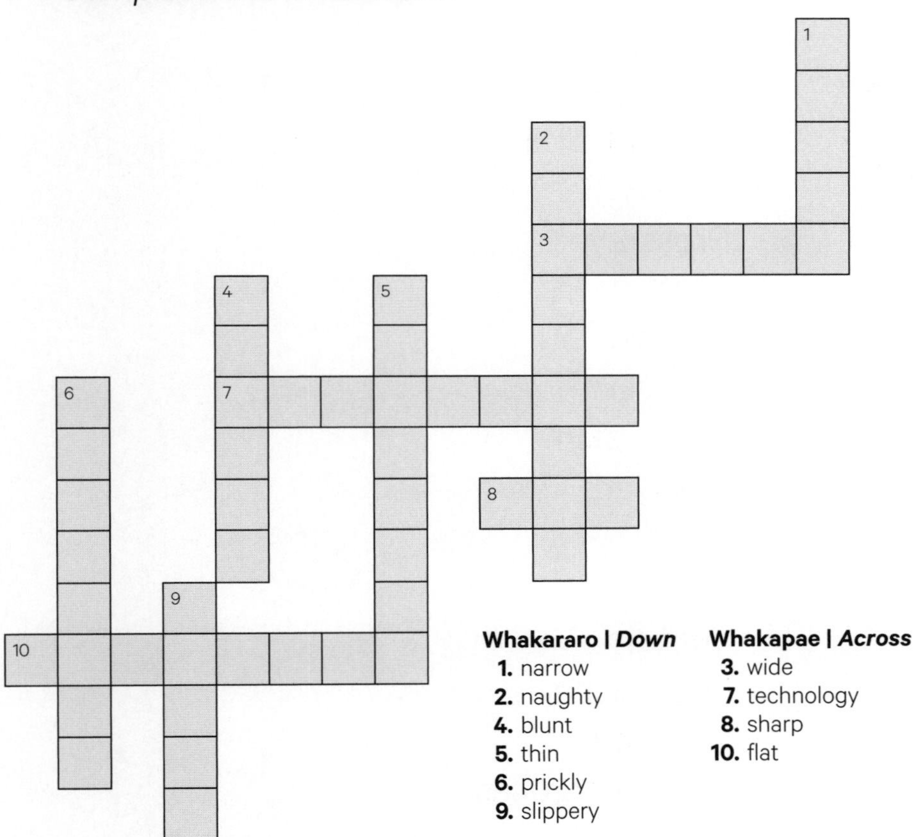

And time! Because you are getting so good at the mahi in *Māori Made Easy*, I bet that crossword took you only rima meneti or 5 minutes to complete, tika?

Now, describing a person is something most of us do on a daily basis. Sometimes you will describe someone to jog the memory of the person or people you are speaking to, so they remember who that person is. Sometimes their appearance might have changed and you are describing what they look like now. You usually don't have to go into too much detail, however; this may depend on whether the person being described is known and has been seen before, or if the person is a complete stranger, like a blind date or something!

Let's start with a person's face, hair, eyes, and skin colour. Remember, because it's a descriptive sentence we start with **He**. We can use either **he** + noun + adjective = **he makawe roa ōna** or **he** + adjective + subject = **he roa ōna makawe**. We need to include the possessive **ōna** / **tōna** to show who possesses the characteristics we are describing, and because they are characteristics or *āhuatanga tāngata*, we use the '**o**' category possessive – **ōna** (plural) / **tōna** (singular). Let's take a look at some kupu we might need to use:

Urukehu	Blonde
Mingimingi	Curly
Hina	Grey (hair)
Porohewa / horehore	Bald
Torokaka	Straight (hair)
Pūhutihuti	Messy (hair)
Karu rewha	Cross-eyed
Kāpō	Blind
Kiritea	Pale skin
Kiri mangumangu	Black skin
Kiri pākākā	Brown skin
Kōtiwhatiwha	Freckled
Nawe	Scar
Ira	Mole
Pāhau	Beard
Huru ngutu	Moustache
Kūwhēwhē	Wrinkled
Pukukata	Funny / hardcase
Pukumahi	Hard-working / industrious
Whīroki	Lean / skinny

2. Tirohia ngā whakaahua, kōwhiria te kupu āhua tika hei whakaoti i te rerenga.

2. Look at the pictures and choose the correct adjective to complete the sentence.

torokaka
pūhutihuti urukehu
mingimingi roa
hina porohewa
wera

1. He makawe ______________________ ōna
2. He makawe ______________________ ōna
3. He makawe ______________________ ōna
4. He makawe ______________________ ōna
5. He makawe ______________________ ōna
6. He makawe ______________________ ōna

3. Kimihia te whakautu tika.

3. Choose the correct answer.

karu rewha
kākāriki kahurangi
pākākā nui kāpō

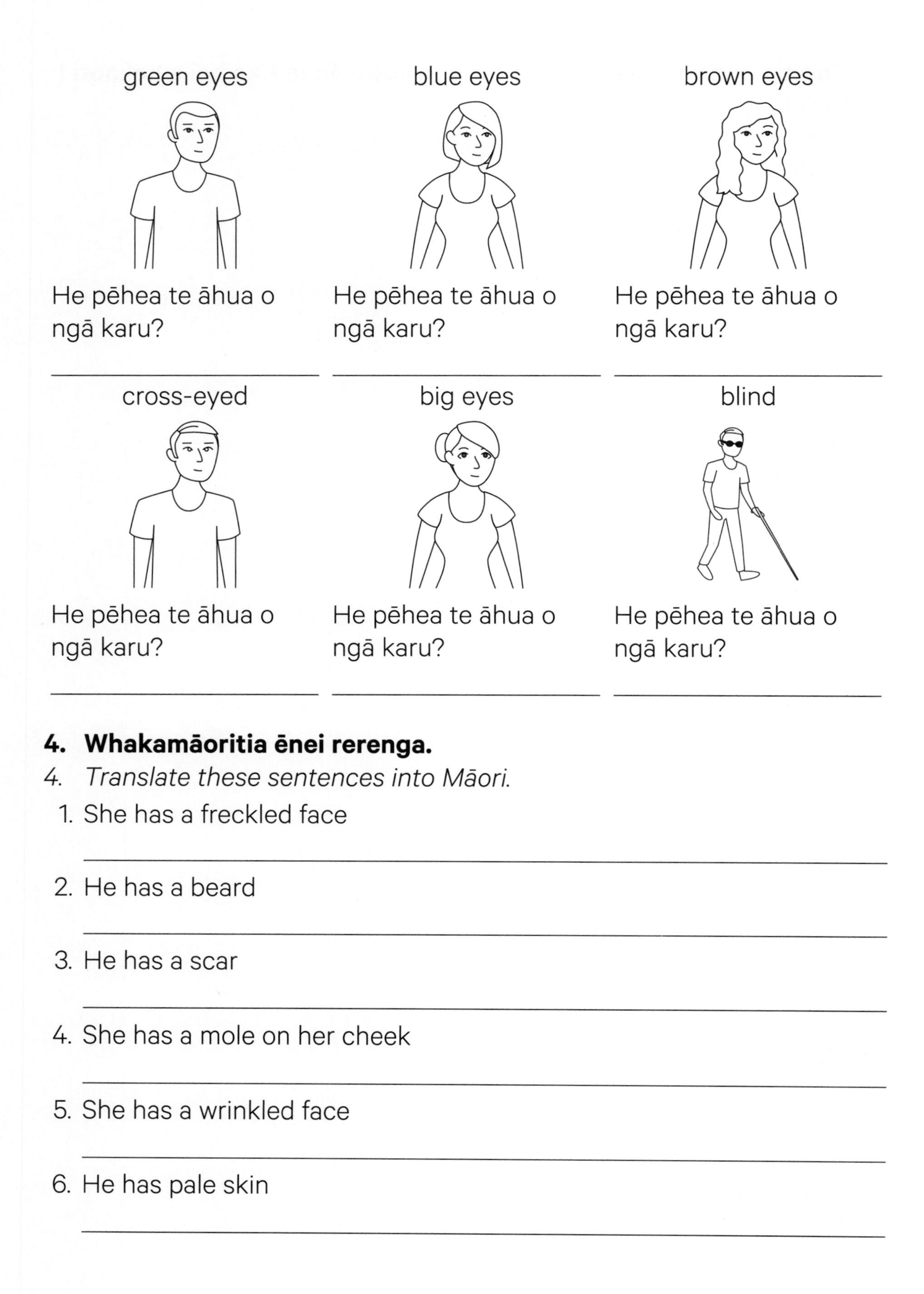

4. Whakamāoritia ēnei rerenga.

4. Translate these sentences into Māori.

1. She has a freckled face

____

2. He has a beard

____

3. He has a scar

____

4. She has a mole on her cheek

____

5. She has a wrinkled face

____

6. He has pale skin

____

Rāpare – Thursday

Ok, let's see how you go trying to describe someone to someone else. Let's say you are telling a friend about our 2018 prime minister, Jacinda Ardern. Your friend has no idea who she is. Now, you are going to have to recall some of the sentence structures from *Māori Made Easy* to complete this task. Think carefully about which sentence structure you are going to use, analyse what the English is saying before you translate. Good luck, e hoa!

30-minute challenge

1. Whakamāoritia ēnei rerenga kōrero e pā ana ki te pirimia o Aotearoa i te tau 2018.

1. *Translate the following sentences about the prime minister of New Zealand in 2018, into Māori.*

1. Her name is Jacinda Ardern

____

2. She is 37 years old

____

3. She is tall

____

4. She has long, straight, black hair

____

5. She is smart

____

6. She is from South Waikato

____

7. She has green eyes

____

8. She went to the University of Waikato

____

9. She worked in the office of Helen Clark

____

10. Her parents are Ross and Laurell Ardern

____

11. She is funny

____

12. She is a hard worker

____

13. She is lean

____

14. She likes reading and watching sport

____

15. She has beautiful clothes (style)

____

One of the skills we haven't discussed yet is listing. When you were describing Jacinda Ardern to your friend in the previous challenge, one of the sentences was a list, i.e. *'She has long, straight, black hair'.* There are three adjectives in this sentence and as you discovered when you checked your answers, the best way to list in Māori is simple: keep repeating the **he** = '**He** roa, **he** torokaka, **he** pango ōna makawe'.

2. Tuhia kia rua ngā rerenga kōrero kupu āhua mō ia tāngata i ēnei whakaahua.

2. Write two sentences describing each person in the following pictures.

green eyes

1. ____________
2. ____________

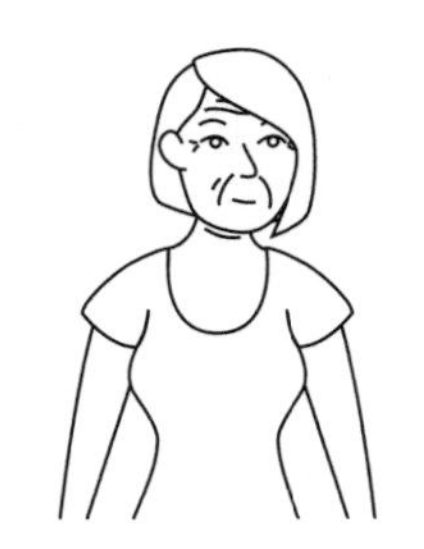

1. ____________
2. ____________

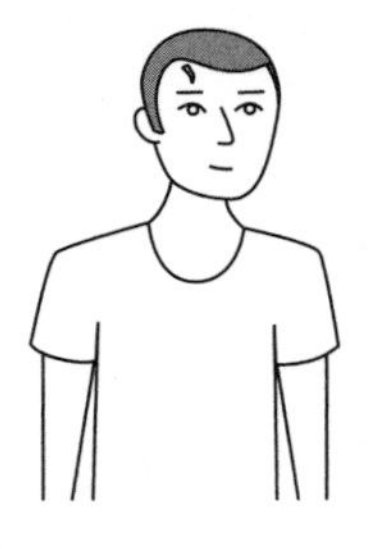

1. ____________
2. ____________

1. ____________
2. ____________

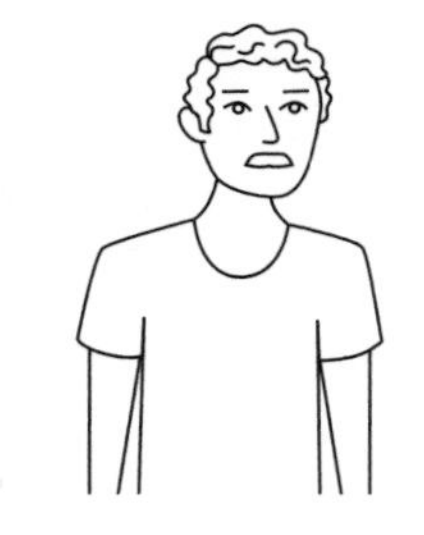

1. ____________
2. ____________

1. ____________
2. ____________

3. Whakapākehātia ēnei rerenga kōrero.

3. Translate these sentences into English.

1. He pukukata, he pukumahi, he atamai ia

____

2. He karu nui, he karu ātaahua, he karu pīataata ōna

____

3. He kūwhēwhē, he kōtiwhatiwha tōna kanohi

____

4. He poto, he mingimingi ōna makawe

____

5. He kiri pākākā, he kiri māeneene tōna

____

Rāmere – Friday

30-minute challenge

1. Whakahonoa ngā rerenga i te taha mauī ki te taha matau.

1. Join the sentence on the left to its correct partner on the right.

He poto, he kaiwhakaari, nō Rotorua	Lucy Liu
He tāroaroa, he kiri mangumangu, he kaitākaro poitūkohu	Bob Marley
He kōtiwhatiwha kei tōna kanohi, he kaiwhakaari, he wahine hainamana	Kahurangi Kiri Te Kanawa
He roia, he atamai, he koroua, nō Ngāti Kahungunu	Temuera Morrison
He pukukata, he ringatohu kiriata, nāna a *Thor: Ragnarok*	Michael Jordan
He roa ōna makawe, he kōrinorino ōna makawe, he atua o te reggae	Moana Jackson
He māia, he poto ngā makawe, koia te kāpene o ngā Ōpango i te tau 2011	Taika Waititi
He kuia, he ātaahua, he reo waitī tōna, he poto ngā makawe	Richie McCaw

1. ______________________________
2. ______________________________
3. ______________________________
4. ______________________________
5. ______________________________
6. ______________________________
7. ______________________________
8. ______________________________

2. Tuhia he pikitia e whakaatu ana i te āhua o te tangata e kōrerotia ana.

2. Draw a picture of the people being described.

He roa ōna makawe, he mōhiti kei ōna karu, he pāhau tōna	He poto ōna makawe, he huru ngutu tōna, he nawe kei tōna pāpāringa	He wahine, he karu kahurangi ōna, he mingimingi ngā makawe, engari he roa
He porohewa, he karu kākāriki, he kiri mangumangu	He koroua, he makawe hina ōna, he mōhiti ōna	He kuia, he kūwhēwhē te kiri, he kōtiwhatiwha ōna kei tōna kanohi

3. Whakarongo ki te pāhorangi mō tēnei wiki:

3. Listen to this week's podcast at:

www.MaoriMadeEasy2.co.nz

4. Whakaotia tēnei pangakupu.

4. Complete the crossword.

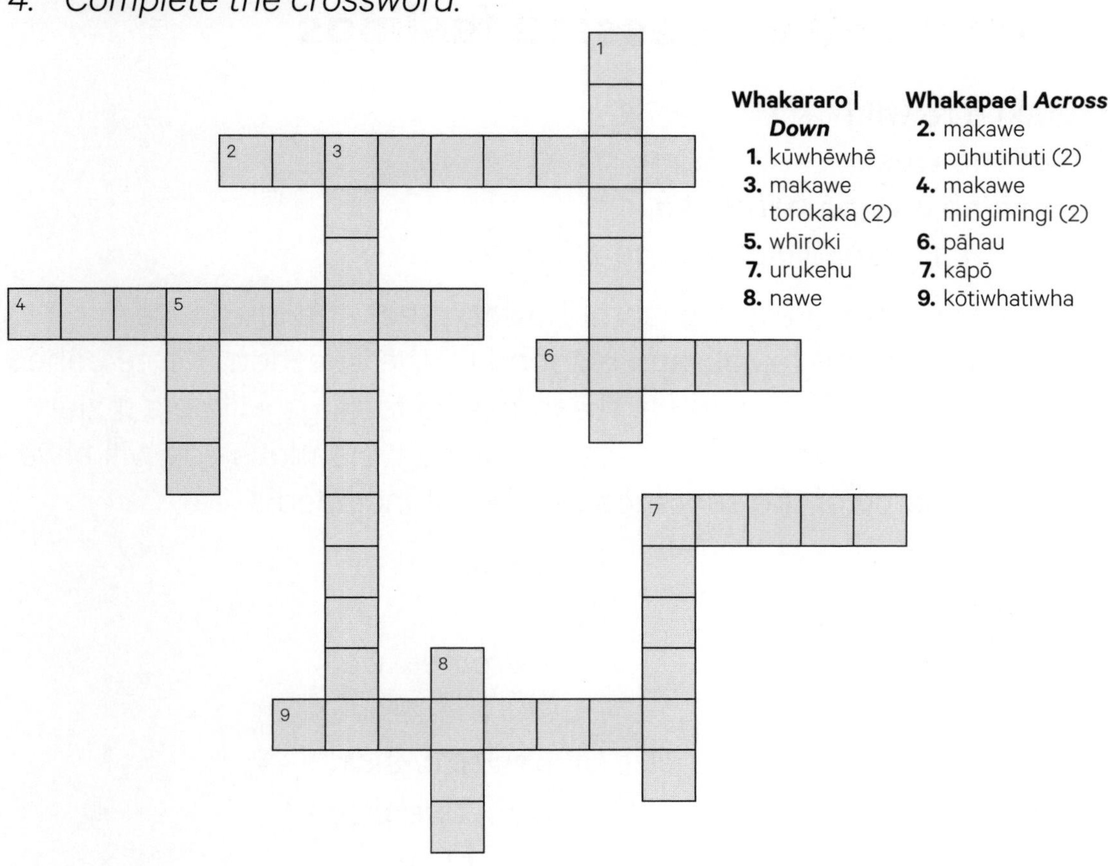

Weekend Word List

Whakamau	Hold a grudge
Hūneinei	Resentful
Matangurunguru	Disappointed
Pāmamae	Hurt (feelings)
Kaniāwhea	Guilt / Remorse
Māharahara	Worry / Anxious
Pōkaikaha	Stressed
Āmaimai	Nervous
Mauri rere	Panic
Mauri tau	Calm
Manawarū	Delighted
Ngākau kore	Lacking motivation
Tiriwhana	Prise free
Pūhaehae	Jealousy

WEEK FIFTY-TWO
Describing and expressing feelings

Whakataukī o te wiki
Proverb of the week
Aitia te wahine o te pā harakeke
Marry the woman capable of rearing a family

Early on in *Māori Made Easy*, we learnt how to greet and introduce ourselves to others, and to ask, and respond to, the question, 'Kei te pēhea koe?' *(How are you?)*. Describing and expressing feelings will be a major part, and a very important part, of most of the conversations you will have in te reo Māori. Some of the sentences we learnt included:

Kei te hiakai au	=	*I'm hungry*
Kei te hiainu au	=	*I'm thirsty*
Kei te tino ora au	=	*I'm extremely well*
Kei te pērā tonu au	=	*I'm still the same*
Kei te māuiui au	=	*I'm unwell or sick*
Kei te ngenge au	=	*I'm worn out or tired*
Kei te pukumahi au	=	*I'm very busy*
Kei te pukuriri au	=	*I'm a bit peeved or annoyed*
Kei te hōhā au	=	*I'm over it or had enough*
Kei te kaha tonu au	=	*I'm still strong*

Now we are going to extend the range of words we can use to describe our feelings. You already have the sentence structures in your arsenal, i.e. the **Kei te**, the **I**, and so on. You also have the **He** sentences which are great to use when describing feelings. This week's work will be more focused on learning words to articulate our feeling more accurately.

HARATAU – PRACTICE

Rāhina – Monday

30-minute challenge

1. Kimihia te whakamārama tika mō ēnei rerenga kōrero. Tuhia he rārangi i te rerenga reo Māori ki tōna hoa reo Pākehā.

1. Match the sentences on the left to the correct meanings on the right. Draw a line to the correct meaning.

1. Kaua e aro ki a ia, he hūneinei noa iho nōna	*a. He is feeling guilty / remorseful (Guilt has landed in his heart)*
2. Kei te whakamau ia ki a koe	*b. Don't panic, call the police*
3. I pāmamae ia i ō kōrero mōna	*c. They were nervous before they got on stage*
4. Kua tau te kaniāwhea ki tōna ngākau	*d. I'm very worried about you*
5. Kei te tino māharahara au ki a koe	*e. He was hurt by what you said about him*
6. Me ngana koe, ki te kore ka matangurunguru mātou	*f. Don't pay attention to him, he is just resentful*
7. Kei te pōkaikaha koe? Nā te aha?	*g. The tribe was delighted, the meeting went well*
8. I te āmaimai rātou i mua i te piki ki te atamira	*h. She is holding a grudge towards you*
9. Kaua e mauri rere, me waea atu ki ngā pirihimana	*i. You have to try, if you don't we will be disappointed*
10. Manawarū ana te iwi, i tutuki pai tā rātou hui	*j. Are you stressed out? How come?*
11. He pēpi tino mauri tau, nē?	*k. It was because of his lack of motivation that he didn't attend*
12. He ngākau kore nōna i kore ai i tae mai	*l. She is a very calm baby, isn't she?*

Rātū – Tuesday

30-minute challenge

1. Whakaraupapahia ēnei kupu kia tika ai te rerenga – i tēnei wā kei te nanu.

1. These words are jumbled. Put them in order to complete the sentences.

1. roa kua rātou e ana whakamau

   ____

2. ki te kōti tae puta ia ka ka te kaniāwhea

   ____

3. pāmamae tūpato i ō ka kia kupu ia

   ____

4. matangurunguru koe au ki a te kei

   ____

5. he kāore i oti pōkaikaha nōna a ia i

   ____

6. hūneinei ana e ia te mea nā tohu te kei whiwhi koe

   ____

7. i koe kaunihera ki te eke manawarū mātou i

   ____

8. a i uaua he tiriwhana ia moenga te kore ngākau he nōna i te

   ____

9. rātou tō ka rātou kataina āmaimai ko

   ____

10. kore me ake koe i ai mauri tau iwi te

   ____

Rāapa – Wednesday

30-minute challenge

1. Whakapākehātia ngā rerenga kōrero nanu o inanahi.

1. Translate the sentences you unjumbled yesterday into English.

1. ______________________________
2. ______________________________
3. ______________________________
4. ______________________________

5. ____

6. ____

7. ____

8. ____

9. ____

10. ____

Rāpare – Thursday

Sometimes you can tell exactly how a person is feeling by their facial expressions or body language. With that in mind, try this exercise!

30-minute challenge

1. Tuhia he rerenga kōrero mō ia pikitia. Kua hoatu te tuatahi hei tauira, engari kei a koe te tikanga mō ō rerenga whakaahua i ngā kare-ā-roto i ngā pikitia – kia auaha, kia whānui.

1. *Write a sentence for each picture. The first one has already been done for you as an example, but it's up to you what type of sentences you compose to express the emotion in the picture – be creative, be varied.*

Kei te riri koe

______________ ______________ ______________ ______________

______________ ______________ ______________ ______________

2. Hōmai te kupu hei whakaea i ēnei tīwhiri.

2. Guess the word for the feeling being described.

whakamau
mataku āmaimai
pōkaikaha pāmamae
manawarū pūhaehae
ngākau kore

1. He tamaiti koe, e rima ō tau, kātahi ka papā te whatitiri, ka hikohiko te uira

____

2. Kei te tūtaki koe ki te pirimia mō te wā tuatahi

____

3. Kua whai tō tuakana i te taonga i pīrangi rā koe

____

4. I hē tō mahi ki a ia, ā, mai i taua wā, kāore anō ia kia kōrero ki a koe

____

5. Me oti i a koe tō tuhinga roa āpōpō, engari kāore anō koe kia tīmata

____

6. Kua whai koe i tō tino hiahia mō te Kirihimete

____

7. Me haere koe ki te mahi i te mahi kāore e pai ana ki a koe

____

Rāmere – Friday

30-minute challenge

1. Whakarongo ki te pāhorangi mō tēnei wiki:

1. Listen to this week's podcast at:

www.MaoriMadeEasy2.co.nz

2. Whakaotia tēnei pangakupu.

2. Complete the crossword.

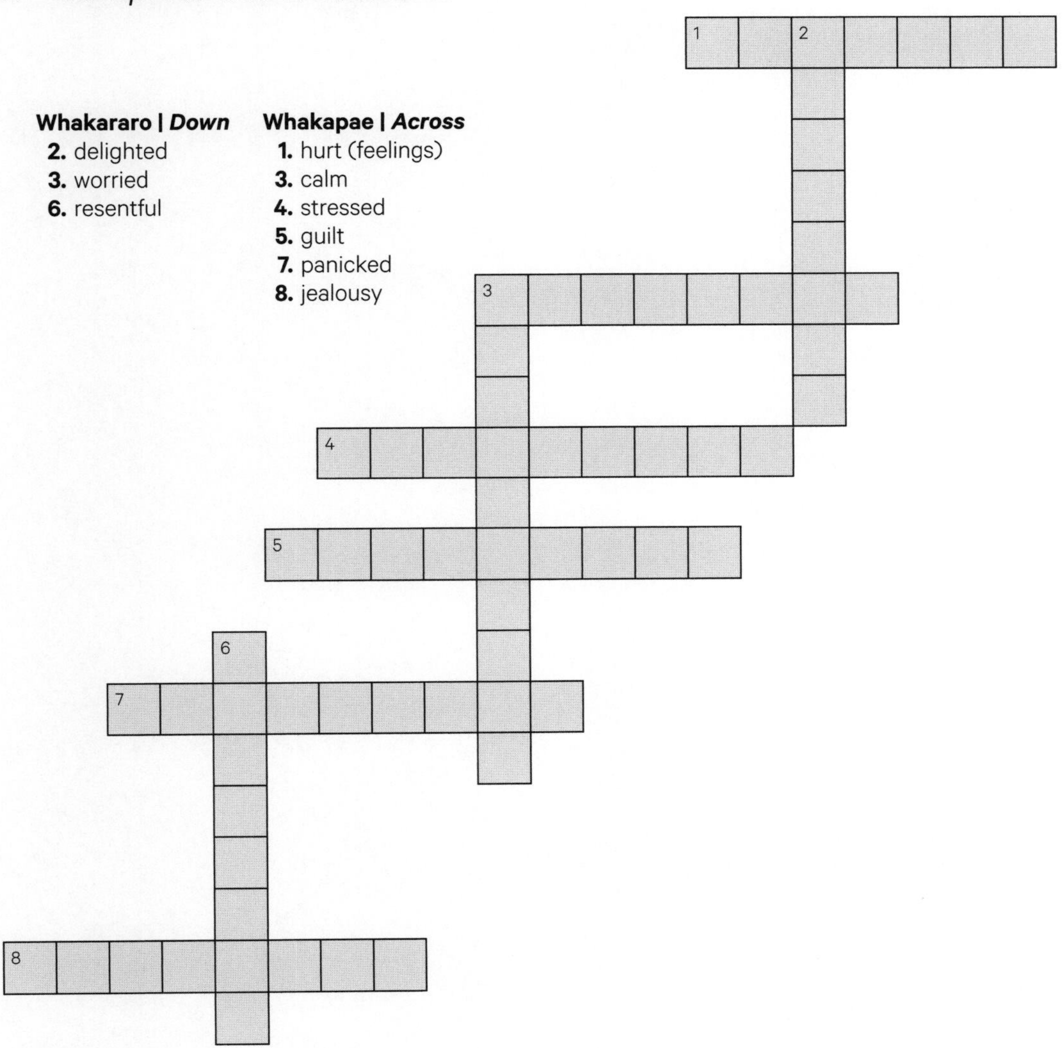

Whakararo | *Down*

2. delighted
3. worried
6. resentful

Whakapae | *Across*

1. hurt (feelings)
3. calm
4. stressed
5. guilt
7. panicked
8. jealousy

ANSWERS

WEEK FORTY-SIX

Rāhina – Monday

1. Whakahonoa ngā rerenga i te taha mauī ki te taha matau.
1. Join the sentence on the left to its correct partner on the right.

1. Hei aha te pōro?	Hei tākaro mā ngā tamariki
2. Hei aha te pūahi?	Hei tahu ahi
3. Hei aha tēnā kai?	Hei whāngai i te kurī
4. Hei aha ērā āporo?	Hei mahi wai āporo
5. Hei aha tēnā mōhani pūmua?	Hei whakatipu i ngā uaua
6. Hei aha ngā pātara wai māori rā?	Hei oranga mō te tinana
7. Hei aha te uku?	Hei horoi i te tinana
8. Hei aha tēnā pūoto, he rango kei runga?	Hei patu i ngā rango hōhā nei

2. Ināianei me whakapākehā koe i ō rerenga; rerenga pātai tuatahi, rerenga whakautu tuarua.
2. Now translate your sentences into English; question phrase first, then answer phrase.

1. What's the ball for?
For the kids to play with
2. What's the lighter for?
To light the fire
3. What's that food for?
To feed the dog
4. What are those apples for?
To make apple juice
5. What's that protein smoothie for?
To grow muscles
6. What are those bottles of water for?
For physical health and well being
7. What's the soap for?
To wash your body with
8. What's that cylinder with the fly on it for?
To kill pesky flies

Rātū – Tuesday

1. Whakahonoa ngā rerenga i te taha mauī ki te taha matau.
1. Join the sentence on the left to its correct partner on the right.

1. He maha ngā mahi	hei whakatutuki mā tātou
2. Ko tēhea pukapuka	hei pānui mā tāua?
3. Anei te mīti	hei tapahi mā ngā tāne
4. Anei te tūraparapa	hei pekepeke mā ngā tamariki
5. Ko ēhea keke	hei kai mā tāua, e kō?
6. Kei te tukuna he kōrero ki a koe	hei whakamāori māu
7. He maha aku pātai	hei whakautu māu

8. Kua haere ia ki Pāniora | hei hoa mō Mere e noho mokemoke rā

2. Ināianei me whakapākehā koe i ō rerenga.
2. Now translate your sentences into English.

1. There are many jobs for us to complete
2. Which book shall we read?
3. Here is the meat to be cut by the men
4. Here is the trampoline for the kids to jump around on
5. Which cakes shall we eat, my girl?
6. A piece of writing is being sent to you, for you to translate
7. I have many questions for you to answer
8. He / She has gone to Spain as a friend for Mere who is very lonely

Rāapa – Wednesday

1. E hē ana ēnei rerenga kōrero, māu e whakatika.
1. The following sentences are incorrect, fix them.

1. Anei te kiriata hei mātakitaki mā tō whānau
2. Ko Mereana te wahine tika hei waea atu māu
3. Ko Morewhati tōku koroua, koia hei tohutohu i te iwi
4. Ko Hori tōna teina i tukuna ki te kura noho hei whakatika i tōna whanonga
5. Tīkina he māripi hei tapatapahi i ngā kāroti
6. Arā ngā pene hei whakaoti i te mahi kauruku nei
7. Tukuna te kai nei ki runga i te tēpu, hei whakapau mā ngā manuhiri
8. Mere, e puta i te waka, ko koe hei whakatūwhera i te kūaha
9. Kei a au te pū hei whakamate i ngā tia
10. Whakamahia te kani hei whakahinga i te rākau, he pūhuki rawa te toki

2. Kī atu ki ngā tāngata o ēnei pikitia kia *kaua hei* mahi i te mahi e mahia ana e rātou.
2. Tell the people in these pictures to not do what they are doing.

1. Kaua hei tahitahi i te papa
2. Kaua hei waku niho
3. Kaua hei hautū waka
4. Kaua hei hī ika
5. Kaua hei tunu kai
6. Kaua hei tuhituhi
7. Kaua hei hāparangi
8. Kaua hei tangi
9. Kaua hei kanikani
10. Kaua hei tapahi i te parāoa

Rāmere – Friday

2. Whakapākehātia tā Mere rāua ko Māka kōrero.
2. Translate into English the dialogue between Mere and Māka.

Mere: Hello Māka, what's all that equipment for?
Māka: To carve this wood. These are chisels.
Mere: What are the carvings for?
Māka: To put on the walls of our new ancestral meeting house. Our new house will be opened next month.
Mere: These carvings will be awesome adornments for the house, they are absolutely beautiful!
Māka: Never mind the accolades! Help me to finish them, there's not much time left!
Mere: Don't worry my friend, I will help you – what shall I do?
Māka: Choose a chisel for you to use and start working.
Mere: Mmm, I actually have no idea how to do this, I should ring up Hēmi.

Māka: Why would you ring him?
Mere: Because he knows how to carve, and he currently has no work on, so he is available. He is my nephew. What should he bring with him?
Māka: Nothing, but tell him that we have a lot to get done.

WEEK FORTY-SEVEN

Rāhina – Monday

1. Tuhia kia waru ngā rerenga kōrero i te tūtohi i raro iho nei.
1. *Use the table below to construct 8 sentences.*

Nā	tō rātou	kore	mōhio	i raru ai
He	wāhi	kore	kai	a Whangahī
Kei te	noho	hiko	kore	mātou
Ka	tū	kaiako	kore	ngā tamariki
I	haere	hū	kore	ki rō whare
He	iwi	whakaaro	kore	rātou
Nā	tōna	kore	wātea	i tamō ai ia
Mā	te	kore	pātai	ka kūare

2. Ināianei me whakapākehā i ō rerenga kōrero e waru.
2. *Now translate your 8 sentences into English.*

1. It was because of their lack of understanding they got in trouble
2. Whangahī is a place that is lacking in food
3. We are living with no power
4. The children will stand without a teacher
5. They entered the house without shoes
6. They are a thoughtless tribe
7. It was because of his lack of availability that he was absent
8. By not asking questions, ignorance occurs

Rātū – Tuesday

1. Hurihia ēnei rerenga kōrero i te rerenga tūāhua, ki te rerenga whakakāhore noa ***E kore***, ā, ki te rerenga hāngū. Tirohia te tuatahi hei tauira.
1. *Change these stative sentences into normal negative sentences using* ***E kore****, then into passive sentences. Take a look at the first example.*

1. E kore au e ora i a koe
   E kore koe e whakaora i a au
   E kore au e whakaorangia e koe
2. E kore e wera i a au te wai
   E kore au e whakawera i te wai
   E kore te wai e whakawerahia e au
3. E kore e tika i te kaiako tō tuhinga
   E kore te kaiako e whakatika i tō tuhinga
   E kore tō tuhinga e whakatikahia e tō kaiako
4. E kore e pau i a rātou ngā inu
   E kore rātou e whakapau i ngā inu
   E kore ngā inu e whakapaua e rātou
5. E kore e wehi i a koe taku tama
   E kore koe e whakawehi i taku tama
   E kore taku tama e whakawehia e koe
6. E kore e mate i a rātou ngā paihamu
   E kore rātou e whakamate i ngā paihamu
   E kore e whakamatea e rātou ngā paihamu
7. E kore e tū i a koe tō kaupapa

E kore koe e whakatū i tō kaupapa
E kore e whakatūria e koe tō kaupapa

Rāapa – Wednesday

1. Whakakāhoretia ēnei rerenga kōrero. Whakamahia te ***Kore rawa*** mō ngā tau kehe, ***Tino kore rawa*** mō ērā atu tau.
1. *Negate the following sentences. Use both methods; **Kore rawa** for odd numbers, **Tino kore rawa** for even numbers.*

1. Kore rawa ngā tamariki e whātui i ngā kākahu
2. Tino kore rawa te koroua e peita i te whare
3. Kore rawa a Mere e hoko pene rākau
4. Tino kore rawa te whānau e hoe i te waka
5. Kore rawa e pau i ngā kōtiro ngā rare te kai
6. Tino kore rawa e whakatangihia e rātou te kōauau
7. Kore rawa ia e whakahoki i te kākahu kaukau ki tōna hoa
8. Tino kore rawa koe e whana i te pōro
9. Kore rawa kōrua e hiki i te pouaka āporo rā
10. Tino kore rawa e hopukina e ia te pōro
11. Kore rawa te iwi e raru i tērā whakatau
12. Tino kore rawa te rau mamao e kimihia e ia
13. Kore rawa ngā whare wānanga e hoko i ngā pukapuka
14. Tino kore rawa te whānau e waruwaru i ngā rīwai
15. Kore rawa ngā iwi e tiaki i te whenua

Rāpare – Thursday

1. Whakamāoritia ngā rerenga kōrero nei. Tīmata tō rerenga ki te ***Kua kore***.
1. *Translate the following sentences into Māori. Start your sentence with **Kua kore**.*

1. Kua kore a Mere e kohikohi i ngā tamariki
2. Kua kore rāua e hopu i ngā ika
3. Kua kore ia e hari i a rāua ki te kura
4. Kua kore ia e tunu i te kai
5. Kua kore te iwi e tautoko i a koe
6. Kua kore ia e ū ki te kaupapa huka kore
7. Kua kore te ipu e pakaru
8. Kua kore ngā tama e ruku ki roto
9. Kua kore e kōrerotia
10. Kua kore e kitea

Rāmere – Friday

1. Whakatikahia ēnei rerenga nanu.
1. *Correct these jumbled sentences.*

1. Kua kore he kaumātua o tērā iwi
2. Kua kore he kaiako pāngarau o tērā kura
3. Kua kore he makawe o tōna upoko
4. Kua kore he whakairo o tō rātou whare
5. Kua kore he hiko o te whare

2. Whakapākehātia ngā rerenga e rima.
2. *Translate those five sentences into English.*

1. They have no elders in that tribe
2. They have no maths teacher at that school
3. The hair on his head has disappeared
4. They have no carvings in their house
5. The house has no power

WEEK FORTY-EIGHT

Rāhina – Monday

1. Porohitatia te kupu tika kia mōhio ai koe ko tēhea o ngā tikanga e toru o te ***me kore*** e whakahuatia ana.
1. *Circle the correct word to show that you know which of the three versions of* ***me kore*** *is being used.*

1. Taihoa e haere, Māmā, me kore e mau i a au he ika anō
   a. fortunately b. **to see if** c. just in case
2. Me kore ake koe i toa ai tō kapa
   a. **fortunately** b. to see if c. just in case
3. Pātōtōhia te kūaha, me kore e huakina e ia
   a. fortunately b. **to see if** c. **just in case**
4. Me kore ake a Mere hei kaiwhakahaere i te hui
   a. **fortunately** b. to see if c. just in case
5. Me kore ake a Pukamata e hono ai tātou ki a tātou
   a. **fortunately** b. to see if c. just in case
6. E hui ana mātou me kore e ora i a mātou te reo
   a. fortunately b. **to see if** c. **just in case**
7. Kia teitei ake tō peke, me kore tō ringa e pā ki te tuanui
   a. fortunately b. **to see if** c. just in case
8. Kia kaha te wheta, me kore koe e whai piro
   a. fortunately b. **to see if** c. just in case
9. E rite tonu ana taku whakarongo ki ana pāhorangi, me kore e mau i a au ngā whakamārama mō te 'ā' me te 'ō'
   a. fortunately b. **to see if** c. **just in case**
10. Me kimi tonu, me kore e kitea
    a. fortunately b. to see if c. **just in case**
11. Nau mai ki tēnei hui, me kore e kitea he rongoā mō tēnei raru
    a. fortunately b. to see if c. **just in case**
12. I haere mai ia, me kore ia e tautokohia e mātou
    a. fortunately b. **to see if** c. just in case
13. Me kore tō pāpā, kua kore tēnei hōtaka
    a. **fortunately** b. to see if c. just in case
14. Haria tō kawe reo, me kore au e whakapā atu ki a koe
    a. fortunately b. to see if c. **just in case**
15. Me uru koe ki te whakataetae, me kore koe e angitū
    a. fortunately b. **to see if** c. just in case

Rātū – Tuesday

1. Me whakapākehā i ngā rerenga kōrero tekau tuatahi o inanahi.
1. *Translate the first 10 sentences from yesterday into English.*

1. Don't leave yet, Mum, let's see if I can catch another fish
2. It was because of you that your team won (The team was fortunate to have you)
3. Knock on the door to see if / just in case he opens it
4. It is fortunate we have Mere here to coordinate the meeting
5. It is fortunate we have Facebook to connect us
6. We are meeting just in case / to see if we might / we can revive the language
7. Jump higher to see if your hand can touch the ceiling
8. Go hard on the sidestepping to see if you can score a try
9. I am always listening to his / her podcasts just in case / to see if I can understand the 'ā' and 'ō' categories
10. Keep looking (just) in case (you) find it

Rāapa – Wednesday

1. Whakaotia ēnei rerenga kōrero.
1. *Complete these sentences.*

1. Nā taku tungāne au i āwhina, **nā** Kākuere
2. Mā rātou ngā inu e hoko, **mā** ngā matua kēkē
3. I haere rātou ki te kōrero ki te koroua rā, ki a Hēmi
4. Kātahi ia ka kapo ake i tana rākau, i tana taiaha
5. Hoatu ēnei kai ki tērā hunga, ki ngā tamariki rā
6. Hokona he perehana māna, **mā** Te Awa, ko tōna huritau hoki āpōpō
7. Ka hui tātou ā tērā marama, ā te Hakihea
8. Kei konā kē a Rewi mā, kei te whare o Rākai
9. Kei te kimi au i taku pāpā, i a Tūkere, kei konei ia?
10. Ko te mea nui, e hoa, ko te aroha
11. I kōrerotia te take nei e rātou, e ngā kaumātua
12. I pakaru i a ia te matapihi, i a Kurawaka
13. Ka wānangatia tēnei take e ngā iwi e toru o konei, e Ngāi Tā Manuhiri, Rongowhakaata me Te Aitanga-a-Māhaki
14. Mā mātou koe e whakahoki, mā mātou ko Hāna, ko Pāora, ko Anaru
15. Mō rātou tēnei pūrongo, mō Te Taura Whiri
16. I kōhetengia ia e tōna whaea kēkē, e Wai
17. Ko te awa ia tērā o ngā tūpuna o mua, ko te awa o Ōrongo
18. I oma rātou ki tērā taha o te huarahi, ki te whare o Anya mā
19. I haere mai te tāne pōtarotaro mauti i te rā nei, a Steve
20. I pau i a rātou ngā kai katoa, i te iwi tuatahi rā

Rāpare – Thursday

1. Whakamāoritia ēnei rerenga nei.
1. *Translate these sentences into Māori.*

1. Nāna te kurī i patu, nā Mere / I patua te kurī e ia, e Mere
2. Nā rātou te taiepa i peita, nā te whānau / I peitahia te taiepa e rātou, e te whānau
3. I haere māua ki te kura, ki te kura o Te Rehu
4. Kei te kimi māua i tō māua māmā, i a Hūhana, kua kite koe i a ia?
5. He tino reka te ika nei, te tāmure
6. Kōrero atu ki a ia, ki a Tame
7. Mā rātou ēnei tare, mā Arahia, Tira me Kārena
8. Ko taku hoa wahine tēnei, ko Wonder Woman
9. I tautokohia te rautaki e ngā kaiako, e Rīhari mā
10. Kei te kutia ōna makawe e tōna māmā, e Teriana

Rāmere – Friday

2. Whakaotia tēnei pangakupu.
2. *Complete the crossword.*

Whakararo | *Down*

1. HAIR
2. HINETITAMA
4. PĀTŌTŌ
7. FACEBOOK
9. KUTI

Whakapae | *Across*

3. SNAPPER

5. HŌTAKA
6. HONO
8. TŌNGAKINGAKI
10. DODGE

WEEK FORTY-NINE

Rāhina – Monday

1. Tirohia te whakaahua kei raro nei, honoa ngā wāhanga tahi, rua, toru, whā, me te rima o ngā tauira rerenga kōrero kia oti ai he rerenga mārama.
1. *Look at the picture below, then join parts 1, 2, 3, 4, and 5 to form an understandable phrase based on what's in the picture.*
   1. E noho takirua ana ngā kuia i te tūru
   2. E tīemiemi takirua ana ngā tama
   3. Kei te tāheke takitahi te kōtiro i te tāheke
   4. Kei te mahi takiwhā ngā tamariki ki te hanga pā onepū
   5. Kei te eke takitahi ia i te pahikara
   6. Inā ngā manu takitini kei te rākau e noho ana
   7. Me mahi takitoru koutou, kōtiro mā
   8. Ka taea te kī he takimano ngā tāngata kei konei i tēnei rā
2. Tirohia ngā whakaahua, whakautua te pātai.
2. *Look at the pictures and answer the question.*
   1. E noho takitahi ana te mōkai
   2. E tū takitahi ana te kaiako
   3. E moe takirua ana ngā ngeru
   4. E tū takitini ana ngā manu
   5. E huna takitahi ana te kiore

Rātū – Tuesday

1. Whakapākehātia ēnei rerenga kōrero.
1. *Translate these sentences into English.*
   1. Off you all go
   2. The cars are being washed individually
   3. Both of you stand up
   4. This book is being handed over for you to read in groups of three
   5. Wake up everybody, it's time to go
   6. At the end of the meeting everybody departed
   7. Analyse the question in groups of four, then provide an answer
   8. This is an important issue, so it is only right that the whole tribe needs to meet about it
   9. Everybody say a prayer so we have a restful sleep tonight
   10. This is the type of issue to be discussed by the many tribes, right across the country

Rāapa – Wednesday

1. Whakamāoritia / Whakapākehātia rānei ēnei kōrero.
1. *Translate these sentences into Māori / English.*
   1. Taihoa ake ka mau rāua i ō rāua pōtae
   2. In a short while the cat will die
   3. In a short while, all his / her books will be bought
   4. Taihoa ake ka tāhaengia tana rorohiko
   5. Taihoa ake ka mau tērā kurī ki waenganui i te moana me te pari
   6. In a short while their church will be opened by Ngāti Raukawa
   7. In a short while we will see who the insane one is

8. In a short while Hēmi will fall off the bike
9. Me mutu tā tātou mahi ināianei; taihoa ake ka tūwhera te pāparakāuta
10. Pretty soon the family will move from Rotorua to Tauranga

Rāpare – Thursday

1. Tirohia ngā whakaahua, kōwhiri te rerenga tika mō ia whakaahua. Kātahi koe ka whakapākehā i taua rerenga.
1. *Look at the pictures and select the correct sentence for each picture. Then translate your sentence into English.*
   1. Taihoa te kurī e tukua kia noho ki te tūru = *Don't let the dog sit on the chair yet*
   2. Taihoa koe e haere, kāore anō te kura kia mutu = *Don't go yet, school has not finished*
   3. Taihoa tēna mahi, kei maringi te peita ki te tēpu = *Don't do that yet or the paint will spill on the table*
   4. Taihoa koe e pupuhi i ērā manu, kei pūareare i a koe te tuanui o te whare = *Don't shoot those birds yet, or you may put holes in the roof*
   5. Taihoa koe e kangakanga, tērā pea e tata ana ngā tamariki = *Don't swear yet, the kids may be close by*
2. Whakamāoritia ēnei rerenga kōrero.
2. *Translate the following sentences into Māori.*
   1. Taihoa e uta i te pouaka ki runga i te tēpu
   2. Taihoa e puta ki waho, kei te ua tonu
   3. Taihoa e noho ki te tūru, kei te māku tonu te peita
   4. Taihoa koe e hoko i tērā whare
   5. Taihoa e piki ki runga i te kaipuke, kei te ngarungaru rawa tonu te moana

Rāmere – Friday

2. Whakaotia tēnei pangakupu.
2. *Complete the crossword.*

Whakararo | *Down*

1. POSITION
3. SANDCASTLE
7. HĀMENE

Whakapae | *Across*

2. PŌRANGI
4. PŪAREARE
5. INDIVIDUAL
6. WHAKAKAPI
8. TAKIRUA
9. STEAL
10. HŪNUKU

WEEK FIFTY

Rāhina – Monday

Pānuitia tēnei kōrero kei waenganui i a Mere rāua ko Māka nō te Wiki Whā Tekau Mā Whitu, ka tuhi ai i ō whakautu ki ngā pātai.

Read the dialogue between Mere and Māka from Week Forty-Seven, then answer the questions.

1. He kāngarere
2. Nōnāhea tēna i tīmata ai?
3. He momo haurakirakitanga
4. He whare kore kai tō Hema rāua ko Nita whare
5. I te whakaaro a Hema rāua ko Nita kia huka kore
6. (a) I don't care
7. Unreliable

8. Nā te kore ū
9. Koirā tō rāua mate, he whakaaro-kore
10. Kāo

Rātū – Tuesday

Pānuitia tēnei kōrero kei waenganui i a Atawhai me Anaru, ka tuhi ai i ō whakautu ki ngā pātai.
Read the dialogue between Atawhai and Anaru, then answer the questions.

1. Kei te mātakitaki pouaka whakaata a Ata rāua ko Anaru
2. Me kore ake ōku karu hōmiromiro
3. 30–10
4. Me mātaki tonu me kore e toa ngā Kahurangi
5. Nā te mea i hōhā ia ki tētahi hōtaka
6. (b) No one better than you at congratulating yourself!
7. Move forward
8. To lie
9. I raro i te tūru
10. If it wasn't for my sharp eyesight

Rāapa – Wednesday

Pānuitia tēnei kōrero kei waenganui i a Atawhai me Anaru, ka tuhi ai i ō whakautu ki ngā pātai.
Read the dialogue between Atawhai and Anaru, then answer the questions.

1. Kua raru a Atawhai i te korenga o te puka heketua
2. Mate tikotiko
3. Whakamahia tō ringa
4. Me porotiti ki raro i te kūaha
5. Kei waho te takitini e rārangi ana
6. Teka (*false*): Kua tīmata te haere takirua a ētahi ki wharepaku
7. I oma atu ētahi ki te wharekai kei tērā taha o te huarahi, wharepaku ai
8. Gap or space
9. Kei waho i te wharepaku tūmatanui e tū ana
10. Whakapākehātia ēnei rerenga:
    a. kia tere te tiki atu = *hurry up and get it*
    b. me porotiti ki raro = *roll it underneath*
    c. kua pau te puka heketua! = *the toilet paper has run out!*

Rāpare – Thursday

1. Kimihia ngā kupu.
1. Find the words.

T	T	H	T	W	H	A	K	A	K	A	P	I	A	I
T	A	F	U	R	A	O	Z	Y	T	U	A	K	G	H
S	H	K	R	N	Z	H	V	U	A	B	Q	N	N	G
P	A	K	I	G	U	U	A	R	Y	I	A	L	A	K
S	E	L	B	T	Y	K	E	K	A	R	U	N	R	O
B	F	T	N	O	A	A	U	Z	O	B	A	Y	U	F
I	M	A	G	R	R	H	W	P	C	S	R	Q	T	K
Q	R	F	A	E	R	F	I	L	E	S	O	U	F	N
J	K	P	W	F	W	T	P	V	P	N	R	Z	B	L
B	A	U	A	L	Q	M	V	Q	M	Y	O	X	N	T
P	Z	R	S	Y	F	N	V	X	S	E	H	A	L	K
I	I	J	P	W	K	E	K	A	Q	Y	I	E	P	Y
L	F	H	A	M	E	N	E	S	P	X	K	K	J	E
V	F	A	U	R	I	K	A	T	R	M	O	M	K	U
F	F	V	T	R	X	T	M	N	T	F	E	F	M	Z

HĀMENE	HŪNUKU	PĀ ONEPŪ
PĀPARAKĀUTA	PŌRANGI	PŪAREARE
ROROHIKO	TĀHAE	TAKIRUA
TAKITAHI	TŪRANGA	WHAKAKAPI

WEEK FIFTY-ONE

Rāhina – Monday

1. Tirohia ngā whakaahua, kōwhiria te kupu āhua tika hei whakaoti i te rerenga.
1. Look at the pictures and choose the correct adjective to complete the sentence.
    1. He maunga teitei
    2. He rangi wera
    3. He wahine ātaahua
    4. He wāhi makariri
    5. He keke reka
2. Kimihia te whakautu tika.
2. Choose the correct answer.

He pango	He māeneene	He atamai
He areare	He maitai	He angiangi

3. Whakamāoritia ēnei rerenga.
3. Translate these sentences into Māori.
    1. He tāne tāroaroa
    2. He tama poto
    3. He wahine mōmona
    4. He kurī pūhuruhuru
    5. He whare nui
    6. He tamaiti rawemākoi
4. Whakamāoritia ēnei rerenga kōrero (Whakamahia te ***He + kupuāhua***).
*4. Translate the following sentences into Māori (Use **He + adjective**).*
    1. He mania te ara
    2. He māeneene te kiri
    3. He papatahi te whenua
    4. He pīataata ngā hū
    5. He pōuriuri te rūma
    6. He koi te māripi
    7. He porotaka te papa tākaro
    8. He pūhuki te māripi
    9. He kūiti te ara
    10. He tāroaroa ngā tāne
    11. He taratara te kiri o te tuatete
    12. He mārō te tūpapa
    13. He pūioio te mīti
    14. He ngohengohe te puku
    15. He pīngore te tinana

Rātū – Tuesday

1. Whakakāhoretia ēnei rerenga kōrero.
1. Negate the following sentences.
    1. Ehara te ara i te mania
    2. Ehara te kiri i te māeneene
    3. Ehara te whenua i te papatahi
    4. Ehara ngā hū i te pīataata
    5. Ehara te rūma i te pōuriuri
    6. Ehara te māripi i te koi
    7. Ehara te papa tākaro i te porotaka
    8. Ehara te māripi i te pūhuki

9. Ehara te ara i te kūiti
10. Ehara ngā tāne i te tāroaroa
11. Ehara te kiri o te tuatete i te taratara
12. Ehara te tūāpapa i te mārō
13. Ehara te mīti i te pūioio
14. Ehara te puku i te ngohengohe
15. Ehara te tinana i te pīngore

2. Whakahonoa ngā rerenga i te taha mauī ki te taha matau.
2. *Join the sentence on the left to its correct partner on the right.*

1. Ehara te ara i te kūiti	he whānui kē
2. Ehara te kiri o te tuatete i te māeneene	he taratara kē
3. Ehara te mīti i te pūioio	he ngohengohe kē
4. Ehara te taiaha i te koi	he pūhuki kē
5. Ehara te tāne i te poto	he tāroaroa kē
6. Ehara te papa tākaro i te porotaka	he tapawhā kē
7. Ehara te tinana i te pīngore	he koio kē
8. Ehara ngā hū i te pīataata	he paru kē

3. Ināianei me whakapākehā koe i ō rerenga.
3. *Now translate your sentences into English.*

1. It is not narrow, it is (actually) wide
2. The hedgehog's skin is not smooth, it is (actually) spiny
3. The meat is not tough, it's (actually) tender
4. The taiaha is not sharp, it is (actually) blunt
5. The man is not short, he is (actually) tall
6. The sports field is not round, it is (actually) rectangular
7. The body is not supple, it is (actually) stiff
8. The shoes are not shiny, they are (actually) dirty

Rāapa – Wednesday

1. Whakaotia tēnei pangakupu.
1. *Complete the crossword.*

Whakararo | *Down*

1. KŪITI
2. RAWEMĀKOI
4. PŪHUKI
5. ANGIANGI
6. TARATARA
9. MANIA

Whakapae | *Across*

3. WHĀNUI
7. HANGARAU
8. KOI
10. PAPATAHI

2. Tirohia ngā whakaahua, kōwhiria te kupu āhua tika hei whakaoti i te rerenga.
2. Look at the pictures and choose the correct adjective to complete the sentence.
1. He makawe roa ōna
2. He makawe mingimingi ōna
3. He makawe hina ōna
4. He makawe pūhutihuti ōna
5. He makawe torokaka ōna
6. He makawe porohewa ōna

3. Kimihia te whakautu tika.
3. Choose the correct answer.

He kākāriki	He kahurangi	He pākākā
He karu rewha	He nui	He kāpō

4. Whakamāoritia ēnei rerenga.
4. Translate these sentences into Māori.
1. He kanohi kōtiwhatiwha tōna
2. He pāhau tōna
3. He nawe tōna
4. He ira tōna kei tōna pāpāringa
5. He kanohi kūwhēwhē tōna
6. He kiritea tōna

Rāpare – Thursday

1. Whakamāoritia ēnei rerenga kōrero e pā ana ki te pirimia o Aotearoa i te tau 2018.
1. Translate the following sentences about the prime minister of New Zealand in 2018, into Māori.
1. Ko Jacinda Ardern tōna ingoa
2. E toru tekau mā whitu ōna tau
3. He tāroaroa ia
4. He roa, he torokaka, he pango ōna makawe
5. He atamai ia
6. Nō te tonga o Waikato ia
7. He kākāriki ōna karu
8. I haere ia ki Te Whare Wānanga o Waikato
9. I mahi ia i te tari o Helen Clark
10. Ko Ross rāua ko Laurell Ardern ōna mātua
11. He pukukata ia
12. He pukumahi ia
13. He whīroki ia
14. He pai ki a ia te pānui me te mātakitaki hākinakina
15. He ātaahua ōna kākahu

2. Tuhia kia rua ngā rerenga kōrero kupu āhua mō ia tāngata i ēnei whakaahua.
2. Write two sentences describing each person in the following pictures.

He kākāriki ōna / ngā karu He roa ōna / ngā makawe	He poto ōna / ngā makawe He kūwhēwhē tōna / te kiri	He hina ōna / ngā makawe He nawe kei tōna / te rae
He kōtiwhatiwha ōna He pūhutihuti ōna / ngā makawe	He huru ngutu tōna He mingimingi ōna / ngā makawe	He pāhau tōna He porohewa ia

3. Whakapākehātia ēnei rerenga kōrero.
3. Translate these sentences into English.
1. He / She is funny, hard-working, and clever

2. His / Her eyes are big, beautiful, and bright
3. His / Her face is wrinkled and freckled
4. His / Her hair is short and curly
5. His / Her skin is brown and smooth

Rāmere – Friday

1. Whakahonoa ngā rerenga i te taha mauī ki te taha matau.

1. Join the sentence on the left to its correct partner on the right.

1. He poto, he kaiwhakaari, nō Rotorua	Temuera Morrison
2. He tāroaroa, he kiri mangumangu, he kaitākaro poitūkohu	Michael Jordan
3. He kōtiwhatiwha kei tōna kanohi, he kaiwhakaari, he wahine hainamana	Lucy Liu
4. He roia, he atamai, he koroua, nō Ngāti Kahungunu	Moana Jackson
5. He pukukata, he ringatohu kiriata, nāna a *Thor: Ragnarok*	Taika Waititi
6. He roa ōna makawe, he kōrinorino ōna makawe, he atua o te reggae	Bob Marley
7. He māia, he poto ngā makawe, koia te kāpene o ngā Ōpango i te tau 2011	Richie McCaw
8. He kuia, he ātaahua, he reo waitī tona, he poto ngā makawe	Kahurangi Kiri Te Kanawa

2. Tuhia he pikitia e whakaatu ana i te āhua o te tangata e kōrerotia ana.

2. Draw a picture of the people being described.

You should have drawn a picture of a person with long hair, wearing glasses and a beard	You should have drawn a picture of a person with short hair, a moustache, and a scar on the cheek	You should have drawn a picture of a woman with blue eyes and curly long hair
You should have drawn a picture of a bald person with green eyes and black skin	You should have drawn a picture of an old man with grey hair and glasses	You should have drawn a picture of an old lady with wrinkled skin and freckles on her face

4. Whakaotia tēnei pangakupu.
4. *Complete the crossword.*

Whakararo | *Down*

1. WRINKLED
3. STRAIGHT HAIR
5. LEAN
7. BLONDE
8. SCAR

Whakapae | *Across*

2. MESSY HAIR
4. CURLY HAIR
6. BEARD
7. BLIND
9. FRECKLED

WEEK FIFTY-TWO

Rāhina – Monday

1. Kimihia te whakamārama tika mō ēnei rerenga kōrero. Tuhia he rārangi i te rerenga reo Māori ki tōna hoa reo Pākehā.
1. *Match the sentences on the left to the correct meanings on the right. Draw a line to the correct meaning.*

1. Kaua e aro ki a ia, he hūneinei noa iho nōna	f. *Don't pay attention to him, he is just resentful*
2. Kei te whakamau ia ki a koe	h. *She is holding a grudge towards you*
3. I pāmamae ia i ō kōrero mōna	e. *He was hurt by what you said about him*
4. Kua tau te kaniāwhea ki tōna ngākau	a. *He is feeling guilty / remorseful (Guilt has landed in his heart)*
5. Kei te tino māharahara au ki a koe	d. *I'm very worried about you*
6. Me ngana koe, ki te kore ka matangurunguru mātou	i. *You have to try, if you don't we will be disappointed*
7. Kei te pōkaikaha koe? Nā te aha?	j. *Are you stressed out? How come?*
8. I te āmaimai rātou i mua i te piki ki te atamira	c. *They were nervous before they got on stage*
9. Kaua e mauri rere, me waea atu ki ngā pirihimana	b. *Don't panic, call the police*
10. Manawarū ana te iwi, i tutuki pai tā rātou hui	g. *The tribe was delighted, the meeting went well*

11. He pēpi tino mauri tau, nē?
12. He ngākau kore nōna i kore ai i tae mai

l. *She is a very calm baby, isn't she?*
k. *It was because of his lack of motivation that he didn't attend*

Rātū – Tuesday

1. Whakaraupapahia ēnei kupu kia tika ai te rerenga – i tēnei wā kei te nanu.
1. Put these words in order to complete the sentences – the words are currently jumbled.

1. Kua roa rātou e whakamau ana
2. Ka tae ia ki te kōti, ka puta te kaniāwhea
3. Kia tūpato ka pāmamae ia i ō kupu
4. Kei te matangurunguru au ki a koe
5. He pōkaikaha nōna kāore i oti i a ia
6. E hūneinei ana ia nā te mea kei te whiwhi tohu koe
7. I manawarū mātou i eke koe ki te kaunihera
8. He uaua te tiriwhana i a ia i te moenga he ngākau kore nōna
9. Ko tō rātou āmaimai ka kataina rātou
10. Me kore ake koe i mauri tau ai te iwi

Rāapa – Wednesday

1. Whakapākehātia ngā rerenga kōrero nanu o inanahi.
1. Translate the sentences you unjumbled yesterday into English.

1. They have been holding a grudge for a long time
2. When he / she arrived at court, the remorse emerged
3. Be careful or he / she will be hurt by your words
4. I am disappointed with you
5. It was because he / she was stressed that he / she didn't complete it
6. He / She resents you because you are receiving the award
7. We were delighted that you entered on to the council
8. It is difficult to prise him / her out of bed because he / she lacks motivation
9. They were nervous in case they were laughed at
10. It was because of you the tribe was calm

Rāpare – Thursday

2. Hōmai te kupu hei whakaea i ēnei tīwhiri.
2. Guess the word for the feeling being described.

1. mataku
2. āmaimai
3. pūhaehae
4. whakamau
5. pōkaikaha
6. manawarū
7. ngākau kore

Rāmere – Friday

2. Whakaotia tēnei pangakupu.

2. Complete the crossword.

Whakararo | *Down*

2. MANAWARŪ

3. MĀHARAHARA

6. HŪNEINEI

Whakapae | *Across*

1. PĀMAMAE

3. MAURITAU

4. PŌKAIKAHA

5. KANIĀWHEA

7. MAURIRERE

8. PŪHAEHAE

He mihi / Acknowledgements

Ki taku tōrere pūmau ki a Stacey,

Ki aku tamariki kāmehameha ki a Hawaiki, Kurawaka me Maiana Sam,

Ki taku kōkara whakaruruhau ki a Beverley,

Ki a Jeremy Sherlock me Stuart Lipshaw o te umanga o Penguin Random House,

Ki aku hoa whare wānanga, nā koutou nei i whakatō mai te kākano o te reo ki tōku whatumanawa, arā, ki a Finney Davis, Aramahou Ririnui mā, tēnā koutou,

Tae atu rā ki aku pouako kaingākau nā koutou nei tōku reo i whakapakari, i whakamakaurangi kia puāwai ki te ao, arā, ki ngā whitiki o te kī, ki ngā rūānuku o te kōrero, ki a Ahorangi Wharehuia Milroy, Ahorangi Tīmoti Kāretu, me Ahorangi Pou Temara,

Tē taea e te kupu noa ngā mihi o te ngākau te whakapuaki ake, nō reira, kia pēnei noa, tēnā rā koutou katoa!

To my darling wife Stacey,

To my precious children Hawaiki, Kurawaka and Maiana Sam,

To my ever supportive mother Beverley,

To Jeremy Sherlock and Stuart Lipshaw and Penguin Random House,

To my university colleagues Finney Davis, Aramahou Ririnui and many others who encouraged me to learn the language and embedded its essence within me,

To my admired lecturers, who continue to shape and enhance my language skills in readiness for the public arena, doyens of oratory, virtuosos of rhetoric: Professor Wharehuia Milroy, Professor Tīmoti Kāretu and Professor Pou Temara,

Words cannot fully express my gratitude!

More te reo Māori titles from Penguin Random House

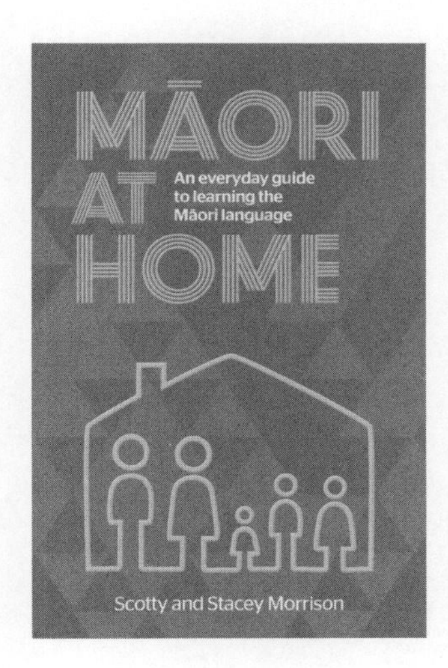

MĀORI AT HOME
Scotty and Stacey Morrison
Māori at Home is the perfect introduction to the Māori language, covering the basics of life in and around a typical Kiwi household.

Whether you're practising sport, getting ready for school, celebrating a birthday, preparing a shopping list or relaxing at the beach, *Māori at Home* gives you the words and phrases – and confidence – you need.

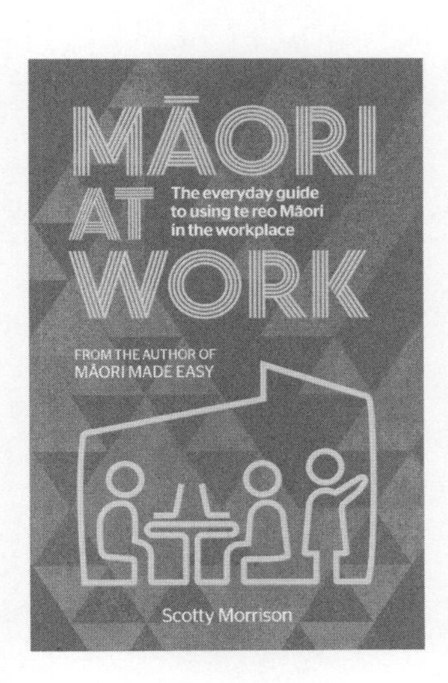

MĀORI AT WORK
Scotty Morrison
Māori at Work offers phrases and tips for greetings and welcoming people, emails and letters, speeches and social media, with specific chapters on the office, construction and roadworks, retail, hospitality, broadcasting and teaching.

This is the perfect book to start or expand your te reo journey – no matter your skill level!

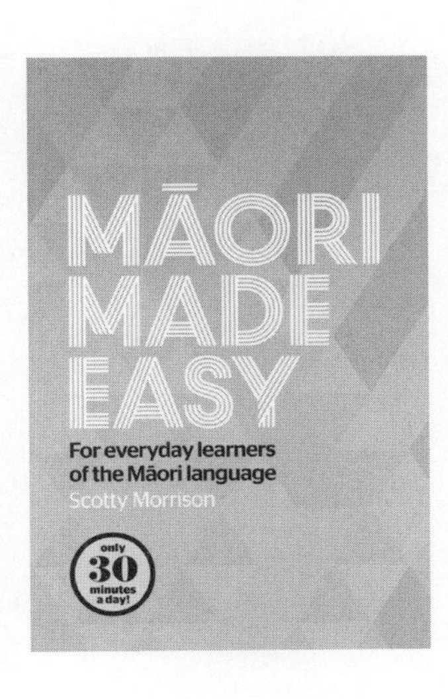

MĀORI MADE EASY
Scotty Morrison
Māori Made Easy allows the reader to take control of their learning in an empowering way. By committing just 30 minutes a day for 30 weeks, learners will adopt the language easily and as best suits their busy lives. Fun, user-friendly and relevant to modern readers, this book proves that learning the language can be fun, effective – and easy!

> 'This is not just a useful book, it's an essential one.'
> —Paul Little, *North & South*

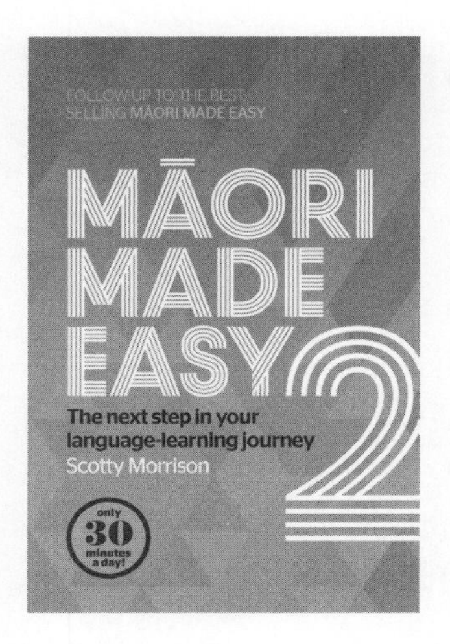

MĀORI MADE EASY 2
Scotty Morrison
The bestselling *Māori Made Easy* gave learners an accessible and achievable entry into te reo Māori. Scotty Morrison now offers a second instalment to help readers continue their learning journey, unpacking more of the specifics of the language while still offering an easy, assured approach. Enhance your reo Māori learning with the most reliable – and easiest! – resource available.

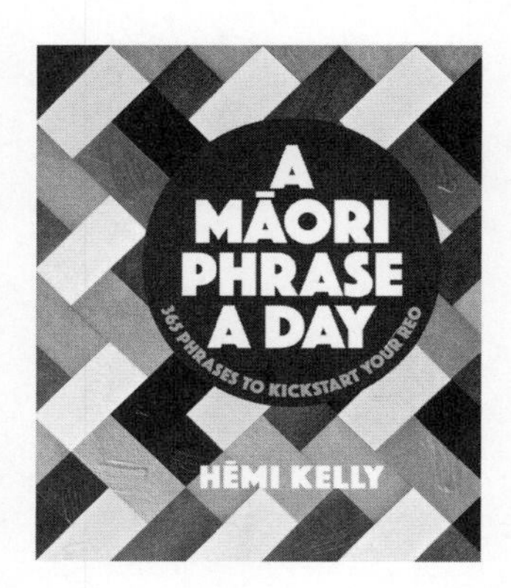

A MĀORI PHRASE A DAY
Hēmi Kelly
A Māori Phrase a Day offers a simple, fun and practical entry into the Māori language. Through its 365 Māori phrases, you will learn the following:

- Everyday uses
- English translations
- Factoids and memory devices
- Handy word lists

Presenting the most common, relevant and useful phrases today, *A Māori Phrase a Day* is the perfect way to continue your te reo journey!

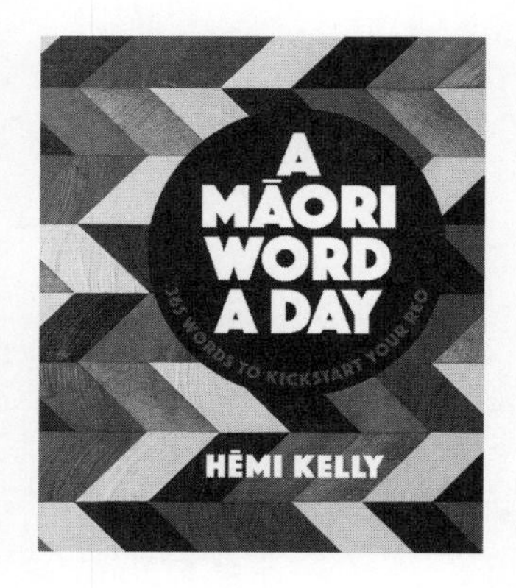

A MĀORI WORD A DAY
Hēmi Kelly
A Māori Word a Day offers an easy entry into the Māori language. Through its 365 Māori words, you will learn:

- Definitions and word types
- Fun facts and background information
- Sample sentences, in both te reo Māori and English

Exploring the most common and contemporary words in use today, *A Māori Word a Day* is the perfect way to kickstart your reo journey!

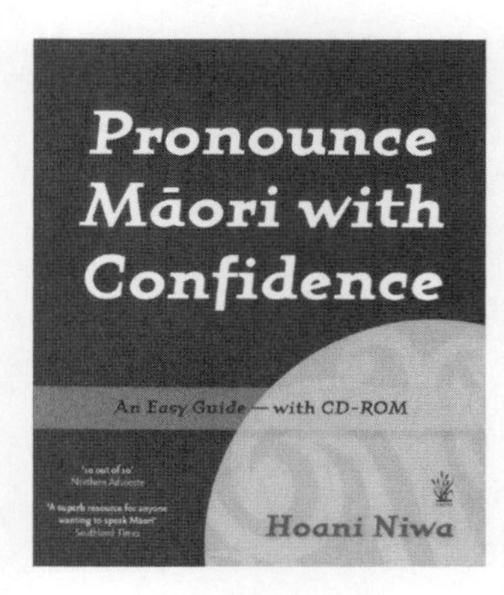

PRONOUNCE MĀORI WITH CONFIDENCE
Hoani Niwa
This book and CD set gives the basics of how to pronounce Māori correctly, while teaching a little of the language used in everyday life, and explaining: the Māori alphabet, pronunciation of each letter, syllables, stress, commonly mispronounced words and pronunciation for frequently used words, including the names of people, places and tribes.

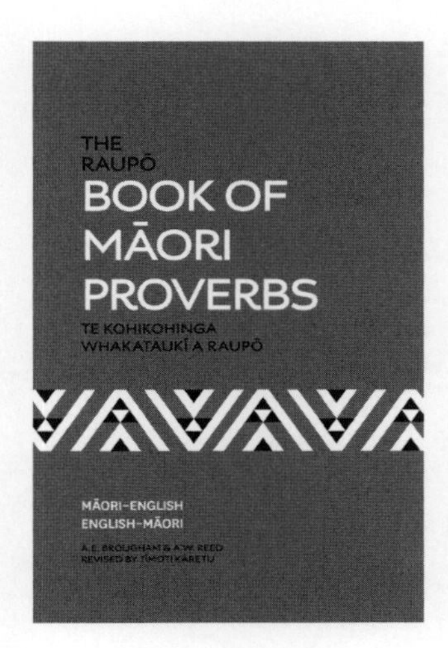

THE RAUPŌ BOOK OF MĀORI PROVERBS
A.W. Reed
Proverbs (or whakataukī) express the wisdom, wit and commonsense of the Māori people. Several hundred proverbs are contained in *The Raupō Book of Māori Proverbs*, categorised under a large number of diverse headings, with translations and explanations in English. This comprehensive and dependable book serves as both a useful reference and an insight into values of the Māori.

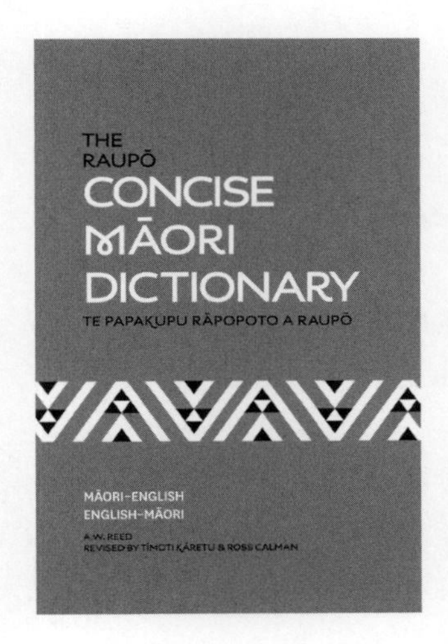

THE RAUPŌ CONCISE MĀORI DICTIONARY
A.W. Reed
The Raupō Concise Māori Dictionary is an invaluable reference work, providing an essential list of words and their equivalents in Māori and English. First published in 1948, the dictionary has been revised and updated numerous times since, giving testimony to its ongoing reliability as a reference guide to everyday Māori words.

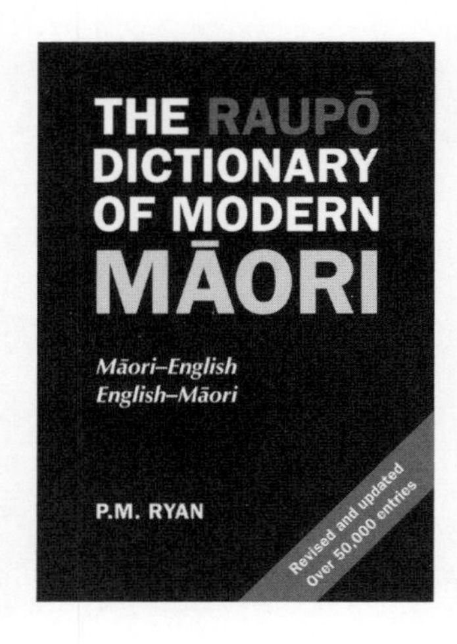

THE RAUPŌ DICTIONARY OF MODERN MĀORI
P.M. Ryan

- Contains over 50,000 concise entries divided into Māori–English and English–Māori sections.
- Includes words most commonly used by fluent Māori speakers.
- Features a vocabulary list with words for new inventions, metric terms, modern concepts and scientific, computer, technological and legal terms.
- Incorporates an easy-to-use guide to the pronunciation of Māori and a section on Māori grammar.

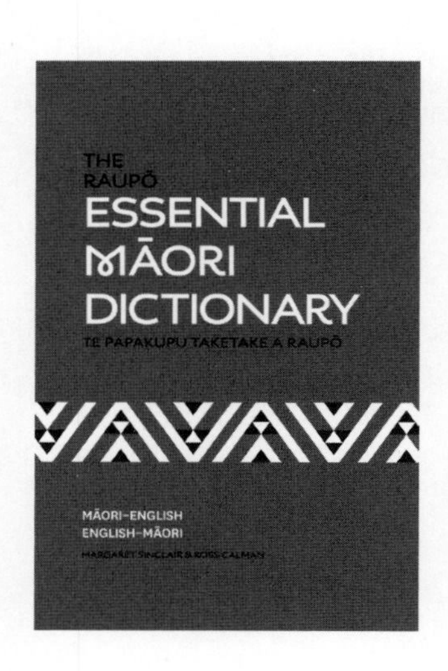

THE RAUPŌ ESSENTIAL MĀORI DICTIONARY
Margaret Sinclair, Ross Calman

- Clear, easy-to-follow Māori–English and English–Māori sections.
- All the words a learner is likely to encounter, including contemporary usage and modern terms.
- A section of themed word lists, including days of the week, months of the year, numbers, cities of New Zealand, colours, emotions, actions, parts of the body, in the classroom, and on the marae.

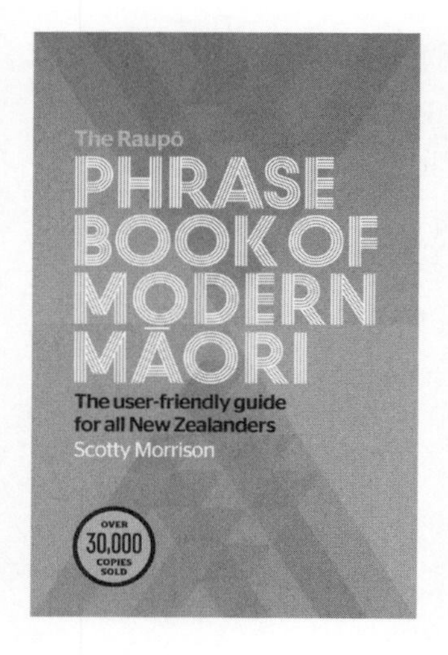

THE RAUPŌ PHRASEBOOK OF MODERN MĀORI
Scotty Morrison

Whether you're a novice or emergent speaker of te reo Māori, or a complete beginner, *The Raupō Phrasebook of Modern Māori* will equip you with useful phrases for the home, the marae, the workplace, meeting and greeting, eating and drinking and so much more!

> 'Clever but written in a user-friendly style ... an important little book for all New Zealanders interested in te reo.'—Katherine Findlay, *Mana*

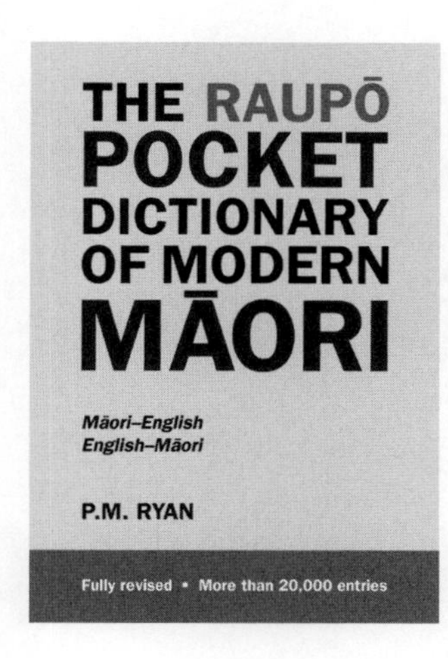

THE RAUPŌ POCKET DICTIONARY OF MODERN MĀORI
P.M. Ryan

- More than 20,000 entries divided into Māori–English and English–Māori sections.
- The most frequently used words in both languages.
- A guide to Māori grammar and pronunciation.
- Separate lists of key vocabulary and proverbs.

Children's

HAIRY MACLARY NŌ TE TĒRI A TĀNARAHANA
Lynley Dodd

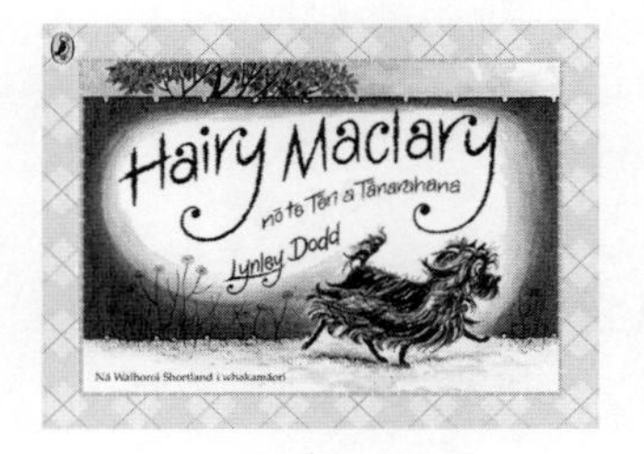

Lynley Dodd's iconic *Hairy Maclary from Donaldson's Dairy* is translated into te reo by Waihoroi Shortland.

'Ki waho i te keti te hīkoitanga a Hairy Maclary nō te Tēri a Tānarahana . . .' Ka haere tahi nga hoa o Hairy Maclary ki a ia mea noa ake, ka oho mai he auē, he ngawī, he ngawē, makere kau ana tā rātou omanga kē. Nā te aha rā a matihao mā i marara ai?

KEI HEA A SPOT?
Eric Hill

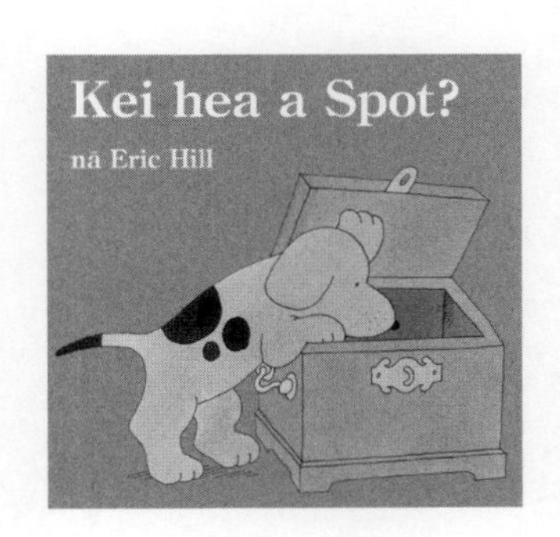

Kei hea a Spot? is a Māori-language edition of Eric Hill's internationally bestselling lift-the-flap story, *Where's Spot?*

'Ka kino a Spot! Ko te wā kai. Kei hea rānei ia?' Join in the search for the mischievous puppy by lifting the flaps on every page to see where he is hiding. The simple text and colourful pictures will engage a whole new generation of pre-readers. Suitable for children aged 1–4 years, and perfect for bedtime.

KEI TE PEHEA KOE?

Tracy Duncan

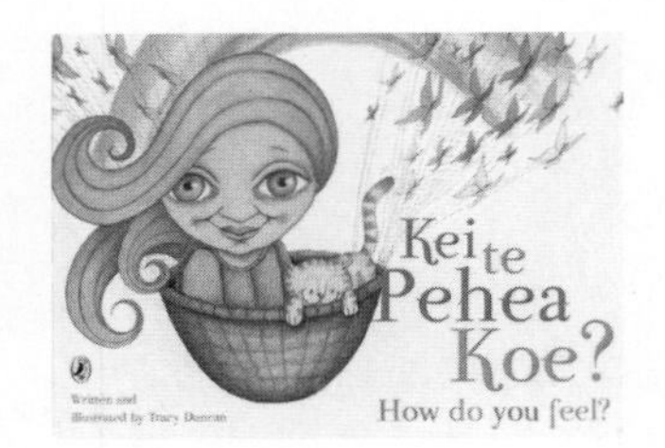

A delightful, easy introduction to saying how you feel using te reo. Young and old alike will be able to describe whether they are feeling hōhā (bored), makariri (cold), matekai (hungry) or simply tinōpai rawe! (fantastic!). A pronunciation guide in the back of the book gives new learners to te reo a simple guide to the language.

Winner of Storylines Notable Book Award, 2009

MY FIRST WORDS IN MĀORI

Stacey Morrison

Illustrated by Ali Teo and John O'Reilly

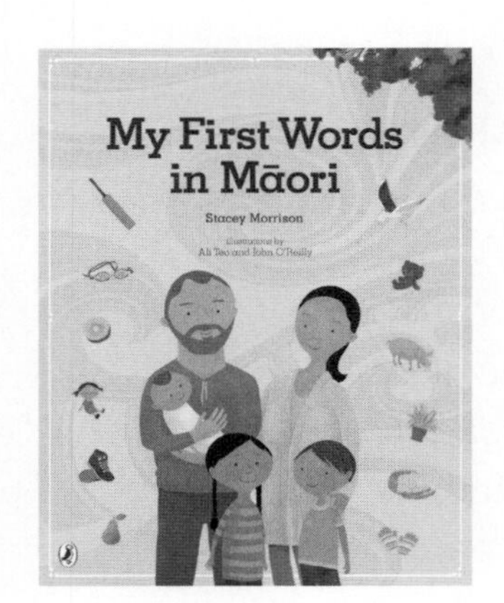

If you'd like to speak the beautiful Māori language with your kids, this is the book to get you started!

My First Words in Māori equips your whānau with the first words you need to speak te reo at home together. Written by Māori-language champion and broadcaster Stacey Morrison, with pictures labelled in Māori and English, each page explores and reflects the faces and places of Aotearoa.

My First Words in Māori is a must-have for homes and classrooms.

TE RĀTAKA A TAMA HŪNGOINGOI: DIARY OF A WIMPY KID

Jeff Kinney

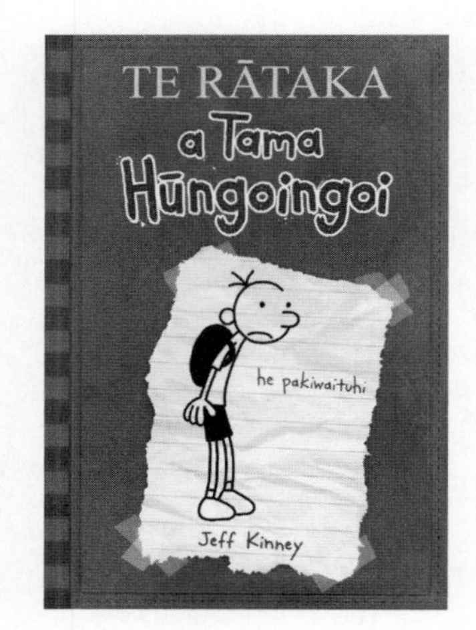

He kino ra te noho a te tamariki. Ko Greg Heffley tetahi e mohio pai ana ki tenei. Being a kid can really stink. And no one knows this better than Greg Heffley.

In this brilliant translation of Jeff Kinney's bestselling *Diary of a Wimpy Kid*, by Hēni Jacob, twelve-year-old hero Greg Heffley is the Tama Hungoingoi (Wimpy Kid) of the title.

A great book in any language, *Te Rātaka a Tama Hūngoingoi* is packed with laughter, gags, disasters, daydreams and plenty to keep young readers hooked until the very end.